研究シリーズ No.10

東アジアにおける仏教とソーシャルワーク
―韓国・日本編―
仏教ソーシャルワークの探求

監修
郷堀 ヨゼフ

編著
藤森　雄介
郷堀 ヨゼフ

藤田則貴　　スングシム・リー
馬場康徳　　高瀬顕功
渡邉義昭　　野中夏奈
高橋英悟　　八巻英成
馬目一浩　　園崎秀治
宮坂直樹

淑徳大学アジア国際社会福祉研究所
ARIISW〔Asian Research Institute for International Social Work〕

学文社
2024

刊行に寄せて

アジア国際社会福祉研究所最高顧問

長谷川　匡俊

　ベトナム国立社会人文科学大学（ハノイ校）との共同研究に始まる，この間の東南アジアを中心とした国々との学術交流を通して，当方にもたらされる各国の調査報告の情報は大づかみで，かつ限定的なものではありますが，次のような印象を強く受けています。

　それは，今，現に仏教がより多くの国民の生活とコミュニティーの深部に息づいているとの感触であり，その中核的な役割を寺院や僧侶が担っているのです。別の言い方をすれば，仏教が，人びとの世界観，生命観，人間観，死生観，そして価値や倫理等に至るまで根底的に規定しているということでしょう。では，その仏教とは何ものかが問われねばなりませんが，それはひとまず措くとします。

　もしもこのような私の受けとめ方にそれほど大きな誤りがないとすれば，それに比して日本の場合はどうでしょうか。ここで私は，家庭と地域の環境にまつわる，興味深い例を取り上げてみようと思います。まず家庭です。かつて（第二次世界大戦前まで）我が国では，「家に三声ありて，その家栄ゆ」という言葉が一定の意味をもっていました。一つに老人が唱える読経の声，二つに母親が台所で炊事をしながら子どもをあやしたり叱ったりする声，三つに児童の朗読（音読）の声であり，この三声が聞こえてくる家は栄えるとされていたのです。ところがどうでしょうか，今やいずれも少数派になってしまいました。理由は省きますが，宗教的環境といったところでは，読経の声が聞こえなくなり，仏壇や神棚を中心とした家庭生活は，すでに成り立たなくなってきています。

　つぎに，地域社会の環境について考えてみましょう。これは私の造語ですが，先の「家に三声あり」になぞらえて，「地に三声あり」と言おうと思います。

一つは祭礼行事の際の鐘や太鼓，経文，祝詞の声，二つには共同作業における労働の歌声（その典型が民謡），三つには自治的な異年齢集団から構成される子ども組の遊びの声です。これらの三声も，高度経済成長期以降の村共同体の解体によって，多くは過去のものとなってしまいました。かつて，共同体の精神的な紐帯を成し，郷土における伝統や文化を守り続けてきた寺社の役割も変化してきています。

このようにみてくると，生命観，人間観（対象者観），社会観，ケア観，方法論等を含む「仏教ソーシャルワーク」の理念型は別として，同じアジア圏にあっても，人びとの生活に仏教（寺院・僧侶を含む）がどれだけ浸透しているのか，その程度やありようが，各国の「仏教ソーシャルワーク」の質や性格を規定するのかもしれません。たとえば，「ソーシャルワーク」と宗教活動との関係，宗教的な目覚めや救いと「ソーシャルワーク」の関係，「ソーシャルワーク」における公私のすみ分けと人々の受け止め方，「公的ソーシャルワーク」と「仏教ソーシャルワーク」の関係（オーバーラップしている要素を含めて）なども問われてくるのではないでしょうか。

さて，淑徳大学では，平成27年度から5カ年にわたる「アジアのソーシャルワークにおける仏教の可能性に関する総合的研究」が，私立大学戦略的研究基盤形成支援事業に採択されました。これにより従来の国際共同研究の枠を広げ，活発な調査研究と学術交流を展開しております。本書の内容はその貴重な成果の一つです。アジア国際社会福祉研究所の秋元樹所長をはじめ研究スタッフ一同のご尽力，そして本研究と執筆にご協力いただいた各国研究者の皆様とすべての関係者に深く敬意と感謝の意を表する次第です。

本書は日本語版で，国内の仏教およびソーシャルワークの研究者向けではありますが，別に英語版も刊行されていますので，併せてより多くの皆様にご活用いただければ幸いです。願わくは，仏教をベースとしたアジア型「ソーシャルワーク」の構築に向けて。

合掌

はしがき

　本書は,「仏教ソーシャルワークの探求」シリーズ No. 10 として刊行されるが,位置づけとしては「シリーズ No.7　東アジアにおける仏教ソーシャルワーク―中国仏教・台湾仏教編―」に続く一冊である。

　本書ついては,刊行に至るまで紆余曲折があり, いわゆる「難産」であった。

　まず韓国については, 現在, 同国の人口に占める仏教徒は 2 割程度に留まっており,「仏教を主たる宗教とする」国ではない。しかし, 東アジアにおける仏教伝播の歴史的経緯を考えた際に重要な国であり, また主流の曹渓宗以外にも複数の宗派が存在している事, 韓国の仏教社会福祉に関する実践事例や先行研究も既に存在している事等から, 本プロジェクトの視点を持って調査すべき対象であると考え, 当初から対象国として準備を行っていた。しかし, 初動でのコミュニケーション不足から十分な研究体制を組むことが出来なかった。

　そのような困難の中ではあったが, 韓国に従来から在る仏教ソーシャルワーク実践の一端を報告するとともに, 20 世紀初頭に誕生した仏教系新宗教である圓仏教を取り上げた論文を掲載できた事で,「本プロジェクトの視点」に対して一定の意義を果たす事ができたと考えている。幸い韓国の社会福祉については多くの比較研究や共同研究等の成果が公開されており, それらの先行研究と本書を合わせ見て頂く事で, 隣国韓国の社会福祉とその中における仏教ソーシャルワークの位置づけを知ることが可能であろう。

　一方, 日本については当初, 本プロジェクトの対象国とは位置づけていなかった。

　なぜなら, 日本はアジアの他の国々に比して仏教ソーシャルワークに対してはその歴史的経緯を含めて一定以上の理解があり, また例えば, 1966 年に設立された日本仏教社会福祉学会は既に 50 年を越える関連研究の蓄積がある。

　日本を対象国とした場合, これらの先行研究を無視する事はできないが, 一方, あまりに日本の先行研究を「学びすぎて」しまう事で「日本」の視点に引

き付けすぎて他国を評価してしまう恐れがあり，敢えて日本の仏教ソーシャル
ワークに係る研究成果を意識的に「脇に置いて」，できるだけフラットな姿勢
で本プロジェクトをスタートしたのである。

　しかし，本プロジェクトを進めていく過程で，他国の研究者や実践者から日
本の仏教ソーシャルワークについて問われる事が少なからずあった。

　本シリーズは和文と英文の 2 つの言語で刊行する事で，より多くの国の関心
ある人々に仏教ソーシャルワークを知ってもらう機会を作る事も刊行の目的の
一つであった。そのような観点に照らすならば，本シリーズに「日本」を加え
る事も意義ある事ではないかと考え，刊行の準備を進める事となった。

　幸い，平成 27 年に採択された私立大学戦略的研究基盤形成支援事業「アジ
アのソーシャルワークにおける仏教の可能性に関する総合的研究」は，具体的
には「アジアにおけるソーシャルワークと仏教に関するリサーチ」と「日本の
地域社会におけるソーシャルワークと仏教の協働連携モデルの開発」の二つの
研究プロジェクトから構成されており，特に後者については，「東日本大震災
に際して「日本仏教」が担った福祉的実践活動を主たる事例として取り上げて，
アンケート調査や現地ヒアリング等を行い，その分析から現状や課題の明確化
を図り，その課題解決・改善のプロセスを通じて，これからの地域社会におけ
る寺院の在り方に関するモデルを提示していく」ことを主たる研究内容としてい
た。結果としてこちらの研究成果を本書に盛り込んだことで，日本における
仏教ソーシャルワークに関する全体像だけでなく，平常時において仏教者が取
り組んでいるホームレス支援の取組みと，未曾有の被害が発生した東日本大震
災という非常時の中で日本仏教がどのような役割を担ったのかについて，国内
外に伝える機会を得る事ができたといえよう。

　そして本書の編集作業の大詰めを迎えていた 2024 年 1 月 1 日 16 時 10 分（日
本時間），石川県能登半島でマグニチュード 7.6 の大規模な地震が発生，3 月 1
日現在も多くの人々が避難所での生活を余儀なくされている。この「能登半島
地震」に仏教ソーシャルワークがどのような役割を担う事ができるのか，本書
で示された分析結果や実践例は，きわめて今日的な課題でもあるといえよう。

　シリーズNo.7の「はしがき」でも触れた本研究プロジェクト全体の目的・意義を今一度記しておきたい。

　本研究は，現在，ソーシャルワーク（以下，SW と略す）に関する定義や現状認識について，一国を超えた国際機関の俎上において新たな揺らぎや問題提起がなされる中，多くの社会問題に対応するソーシャルワーカーが求められる一方で，現在も「専門職」としての確立が十分とは言えない日本を含むアジア地域において，SW の代替的な機能を担ってきた寺院や僧職者の福祉的実践活動を事例として検討することを通じて，SW における「価値」や「社会資源」としての仏教の可能性の探求を主たる目的としている。その成果は，これまで行われてこなかった「仏教 SW」の体系化につながるものであり，SW とは異なる価値や方法論を，日本を含めたアジアや諸国に提示することになると同時に，本来重視されるべき，各国の文化・価値観・歴史・習俗・習慣やその背景に存在する宗教を尊重した SW のあり方やその本質について分析や議論を行っていく，これまでにない切り口でアプローチが行える研究拠点の形成が可能になると考える。

「アジアのソーシャルワークにおける仏教の可能性に関する総合的研究」
申請代表者　藤森雄介「研究計画書」より

　本書の至らない部分の責は，偏に編者にある。一方で，本書が上記の目的・意義を実現していく為の一助になっていると評価をいただく事ができれば，それは本書に執筆いただいた方々共通の成果である。

　本号は，「仏教ソーシャルワークの探求」シリーズの最終号となる。2017 年刊行の No.0『西洋生まれ専門職ソーシャルワークから仏教ソーシャルワークへ』から足かけ 7 年，ようやく一つの起点にたどり着けたことに深い感慨がある。ただこれは，シリーズ刊行の終点ではなく，仏教ソーシャルワーク探求の新たな一歩の始点であると理解している。

　本シリーズに関わられたすべての皆様に心より感謝申し上げます。ありがと
うございました。

編者　藤森　雄介

目　次

第1部

韓　　国

第1章　韓国における仏教とソーシャルワーク
―仏教ソーシャルワークの探求―

藤田　則貴

第1節　本章の目的と範囲

　本研究における仏教ソーシャルワークとは，仏教の価値観に基づいた福祉的活動全般を指す。これは，地域性（リージョナル）を踏まえたソーシャルワークとは何かを検討することが本研究の目的であるため，西洋から輸入したソーシャルワークを軸に見ていくのではなく，もともとその地域で行われていた福祉活動からリージョナルなソーシャルワークとは何かを考えていくためである。仏教の価値観に基づくのは，アジア地域で長い間有力な宗教として位置づけられているからである[1]。

　東アジア地域における，特に韓国における仏教ソーシャルワークについて検討するための材料として，幼稚園，老人綜合福祉館，障がい児入所施設（発達障害児者・知的障害）の調査，ホームレス支援の現状視察及びインタビュー調査を現地調査として行った。具体的には，韓国の中央僧伽大学校名誉教授でいらっしゃる金慧棹先生を共同研究のプログラム研究員にお迎えし，現在まで12施設の調査を行った。

　同じく共同研究の劉光鍾先生においては，現在も会合を進めており，2023年8月末日現在で合わせて65回に及ぶ会合を進めてきた。インフォーマルな会合も含めると100回以上はお会いし，日韓比較について議論を重ねてきた。

　具体的には，2016年8月に金先生が園長を務める幼稚園，鍾路老人綜合福祉館，広津老人綜合福祉館，障害児入所施設（発達障害児者）の4ヵ所を調査し，同年9月には，障害児者施設（知的障害），タプコル（パゴダ）公園におけるホー

---

1)　新保祐光(2021)「第3章　中国仏教寺院における活動から考える仏教ソーシャルワーク」『研究シリーズ仏教ソーシャルワークの探求 No.7　東アジア地域におけるソーシャルワーク－中国仏教・台湾仏教編』学文社，p.63。

ムレス支援の現状視察及びインタビュー調査を行い，2ヵ所の調査を行った。

　また，この間韓国調査における調整等の関係で，ブランクがあったが，その後，調査を再開し，2018年12月，龍谷大学において行われた「仏教・アジア国際学会」においては，共同研究者である金慧棹先生から韓国の事情を踏まえてシンポジウムの中において「指定発言」をしていただいた。

　その後，2019年2月に蔚山にあるホスピス，聴覚障害・発達障害の施設を運営しているスニムへの調査，麗水にある施設（シルバー人材センター【お焦げ・海苔・キムチ・豆腐工場見学】）への調査，麗水にある寺院調査，タプコル公園（パゴダ公園）付近の事務所への調査（ホームレス支援）を行った。

　また，限定的（韓国寺院における）にはなるが，後述のインタビューガイドにしたがって，半構造化面接法で調査を進めていった。

第2節　研究基盤としての韓国研究者との交流

　今回の研究全体の目的は，東アジア地域における，特に韓国における仏教ソーシャルワークについて検討することである。つまり，東アジア地域における，地域や文化を踏まえた，より実態に即した仏教ソーシャルワークとは何かということである。

　そのため，研究基盤としての韓国研究者との交流の過程を記す（なお，韓国研究者との交流は，上述の通り，韓国の中央僧伽大学校名誉教授でいらっしゃる金慧棹先生を中心に本研究事業開始の2016年から行っている）。

2016年

韓国　金先生（園長）の幼稚園　本調査【1】　金慧棹，劉光鍾，藤田則貴

写真 1-1

（筆者撮影）

写真 1-2

（筆者撮影）

金慧棹，朴，劉光鍾，藤田則貴　調査にあたっての打ち合わせ

写真 1-3

（筆者撮影）

2016 年

韓国　本調査【2】　鍾路老人綜合福祉館

鍾路老人綜合福祉館長，課長，金慧棹，劉光鍾，藤田則貴

写真 1-4

（筆者撮影）

写真 1-5

（筆者撮影）

写真 1-6

（筆者撮影）

2016 年

韓国　本調査【3】老人会館

写真 1-7

（筆者撮影）

写真 1-8

（筆者撮影）

老人会館事務長，職員（男性・女性），金慧棹，劉光鍾，藤田則貴

2016 年

韓国　本調査【4】発達障害児者施設

発達障害児者施設長，金慧棹，劉光鍾，藤田則貴

写真 1-9

（筆者撮影）

写真 1-10

（筆者撮影）

2016年

韓国　障害児者施設見学（利用者・作品）　本調査【5】

障害児者施設長，金慧棹，劉光鍾，藤田則貴

写真 1-11

（筆者撮影）

写真 1-12

（筆者撮影）

写真 1-13

（筆者撮影）

写真 1-14

（筆者撮影）

2016年

韓国　タプコル（パゴダ）公園・ホームレス支援　見学　本調査【6】

劉光鍾，藤田則貴

写真 1-15

（筆者撮影）

写真 1-16

（筆者撮影）

写真 1-17

（筆者撮影）

写真 1-18

（筆者撮影）

2019年

　韓国　本調査【7】　蔚山　ホスピス　調査

　ホスピス施設長，劉光鍾，藤田則貴

写真 1-19

（筆者撮影）

写真 1-20

（筆者撮影）

2019年

　韓国　本調査【8】聴覚障害・発達障害の施設を運営しているスニム（調査）

　聴覚障害・発達障害の施設長，劉光鍾，藤田則貴

2019 年

韓国　麗水施設見学　本調査【9】シルバー人材センター見学（お焦げ・海苔・キムチ・豆腐工場見学）

金慧棹，劉光鍾，藤田則貴

写真 1-21

（筆者撮影）

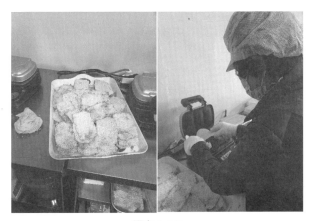

写真 1-22

（筆者撮影）

写真 1-23

（筆者撮影）

写真 1-24

（筆者撮影）

写真 1-25

（筆者撮影）

2019 年

韓国　麗水施設長を交えた調査　本調査【10】

麗水施設長，金慧棹，劉光鍾，藤田則貴

写真 1-26

（筆者撮影）

2019 年

韓国　麗水寺院調査　本調査【11】

麗水寺院住職，副住職，金慧棹，劉光鍾，藤田則貴

写真 1-27

（筆者撮影）

写真 1-28

（筆者撮影）

2019 年

韓国　タプコル公園（パゴダ公園）付近事務所調査・ホームレス支援　本調査
【12】

　タプコル公園（パゴダ公園）付近事務所職員（男性・女性），劉光鍾，藤田則貴

写真 1-29

（筆者撮影）

写真 1-30

（筆者撮影）

2.1　調査対象の選定

　今回の調査は，韓国の社会福祉研究者との打ち合わせ及び意見交換をする過程において，仏教ソーシャルワークの実践を積極的に行っている寺院や福祉施設を対象とした。

　そのうえで，実際の場面の見学を行うとともに，館長や施設長，僧侶に対してインタビュー調査に承諾していただいた幼稚園，鍾路老人綜合福祉館，広津老人総合福祉館，障害児入所施設（発達障害児者），障害児者施設（知的障害），タプコル（パゴダ）公園におけるホームレス支援を行っている団体，ホスピス，聴覚障害・発達障害の施設を運営しているスニム，シルバー人材センター，寺院において調査を行った。

2.2　調査の方法

　調査は，仏教ソーシャルワークの実践を積極的に行っている僧侶，館長や施設長，団体の職員へのインタビュー調査（半構造化面接）を行った。12ヵ所の調査を行い，調査時間は，60 ～ 120 分間である。インタビュー調査の聞きとりは，プログラム研究員である，劉光鍾及び藤田則貴が中心となり，韓国語を母国語とするが，日本に滞在歴の長い研究者（劉光鍾）を通訳とし，レコーダーの承諾も調査対象者から得て慎重に行った。

2.3　調査の視点

　聞きとりは，以下のインタビューガイドを中心に半構造化面接法を用いて行った。

・半構造化面接技法 (韓国寺院における，インタビューガイド)

1. 寺院 (或いはホスピス) の理念があれば，お教えいただきたい。
2. 理念もあると思うが，何が最も大切だと考えているか。
3. その理念は，地域の住民の方々は，どのような形で理解されているのか。
4. どのような取り組みを行っているか。
5. 寺院 (或いはホスピス) の僧侶は，どのような形で地域とかかわりを持っているのか。
6. 僧侶は，いわゆるソーシャルワーク的な活動もしていると思うが，ソーシャルワークとどのような違いがあると考えているか。
7. 寄付或いはお布施等の扱いは，どのようにされているか。
   また，その割合は，どのようになっているのか。
   寄付　　　　　　　％ (割合)　　　布施　　　　　　　％ (割合)
8. この地域におけるキリスト教・仏教の割合は，どのようになっているのか。
   キリスト教　　　　％ (割合)　　　仏教　　　　　　　％ (割合)
9. どのくらいの頻度で，地域住民との接触を図っているのか。
10. 地域住民から寺院 (或いはホスピス) に期待されていることはあるのか。
    また，どのような存在でありたいのか。

第3節　調査結果

・鍾路老人綜合福祉館

　鍾路区の高齢化率は，24.4％となっており，70歳以上高齢者は，50.3％となっている。

　インタビュー対象の「鍾路老人綜合福祉館」は，世代間交流として味噌，コ

チュジャン，醤油をつくり，販売している。また，対象者に「死の教育」も行っている。

　対象施設のボランティア数は，1日60人，月に1,200人となっている。併せて，ソウル型の評価も受けており，ソウル特別区が認定している施設ともなっている。この認定している施設の基準から外れてしまうと予算が削られてしまう。

・老人会館

　老人会館は，ショートステイ，デイサービス事業などを行っている。

　また，各階の構成は，以下に示すとおりである。

B2：クラブ活動，料理室

B1：セミナー室，書道室

1階：案内デスク，支援センター

2階：事務室，食堂，ボランティア室，会議室

3階：パソコン室，卓球室

4階：デイケア，ショートステイ，PT（理学療法士）室，体力室

　老人会館の利用者は，年間17,605人となっており，13,710人のボランティアとともに寄付などの支援者は，14,094人となっている。

　また，イギリス，韓国，日本の3カ国合同によるプロジェクトにも取り組んでいる。施設のサービス内容としては，「専門・統合相談事業」また，健康を主軸として，老人大学やクラブ活動，地域文化活動を行っている。その他，PTによる機能回復事業やボランティアの育成にも力をいれている。また，60歳以上の利用者には，老人専門事業やボランティア活動なども行っている。

・発達障害児者施設

　上記障害児入所施設は，8〜18歳まで生活している。生活入所施設のため，この施設から子どもたちは学校に登校する。登校することが難しい子どもにつ

いては，先生（教員）が施設に来て教育指導を行う。これを循環教育と呼んでいる。

　グループホームが障害児入所施設外に2ヵ所ある（男性用，女性用それぞれ1ヵ所ずつ）

　また，障害児入所施設内に体験ホームがあり，そこで訓練を行った後，グループホームに入居することが最終的な目標となる。

　一方で，ピーナツ（豆もやし）を栽培しており，年間を通してレストランや農協のスーパーマーケットに卸している。お寺の家族や一般の仏教信者もピーナツ（豆もやし）を購入している。また，バリスタ教育もやっている。

　障害児は，ピーナツの豆の殻を一つひとつ丁寧にむき，豆を下向きにおき，根が出るようにしている。韓国一般の障害児の平均月収は，約1万円だが，この施設は，4〜5万円支給している。

・障害児者施設

キムヨンジン事務局長の話

・自立支援の総括を行っている。

・石鹸を利用者が作って販売している。
　自ら石鹸を購入し，自宅でも使用している。

・法人に23年間勤務している。
　サンジョン福祉館で最初働いた。

・小学校の廃校を利用して障害児者事業を行っていた（昔）。
　また，100％の支援を受け，180定員で163人入所していた。
　生活保護施設に入所する利用者は，全国から来ており，釜山から来ている人もいた。

・全国での生活保護施設は，3万人という定員である。現在，小舎制をとっており，施設数は年々増加している。
　施設の規模は，30名以下の施設が，許可が下りる。

・生活保護施設：一人一部屋としており，人権問題にも配慮している。

・重度・重複化対応：2 人の職員が 5 人の利用者を見ている。

・この施設の利用者が,「ボッチャ」：アテネオリンピックで金メダルを 2 個獲得した。

　1988 年のオリンピック種目に選定された。

・2016 年に 2 つのマンションを法人名義で購入した。

　2017 年にも 2 つのマンションを購入予定である（インタビュー調査当時）。

・夫婦棟 4 施設も併設：4 カップルが生活している。

・施設側へのサポート：恋愛の期間が長かったので, 問題はない。

　　　　　　　　　　　家族のような関係性が築かれている。

・60 代：認知症, 50 代, 40 代, 30 代の利用者がいる。

・金事務長：福祉学科に入学した。その後, 地域福祉会館に入職した。

・見学した施設は, 90％の人が, 重度の障害者である。

・ **ホスピス**

　内容：2013 年 6 月に施設完成。

・2002 年〜 2013 年までの 12 年間は, 施設の土台作りの時期

　現在のホスピスの場所（蔚山）に決定するまで, 170 ヵ所を回った。

・2013 年 6 月〜 2019 年 2 月の 6 年間の取り組みとしては,

・療養病床：135 床

　ホスピス病床：10 床

・モットー：「職員の QOL を高めることが, 患者の QOL に繋がる」

　共生（ともいき）が, 大切にされている。

　人がどんな状況にあってもともに支えている。

・1990 年代は, ホスピス患者が放置されていた。

　そのことが契機となり, 社会的ケア・宗教的ケア・患者の QOL を上げていく取り組みを始めていった。

・（患者と）一緒に生きていくことは, 楽しいことばかりでなく, 苦しいこともある。

・状況に応じて，社会福祉として，僧侶としての関わり方を変えている。

・色々な教育プログラムに取り組んでいる

　○心理大学（修士課程まである）

　○一般人に対するホスピス教育

　○ CPE：臨床によるケア・霊的ケア・スピリチュアルケア

　○一般ボランティア教育：人間性を高める教育を行っている。

　○ボランティアをする人に対して，個人に対して

　　QOL を高める教育

　　老後の生活について

　○蔚山市にホスピスの施設の PR をした。

　　それが，保健所，地域の家庭教育にも広がった。

　　その結果，地域の人がホスピスに来るようになった。

　○生命教育の専門的課程もある

　　・療養病床：135 床

　　良い最期をみることができる。また，仏様がみてくれているという安心

　　感を持っている。身体が痛くなると，ICU かホスピスかの選択を利用

　　者ができる。

　　・「死」に対しての怖さはない。

　　・患者：97 〜 98％仏教徒　2 〜 3％は，他宗教

　　・独立型のホスピス：100％寄附

　　・土地及び建設費：150 億W（ウォン）

　　・運営費：年間 5 億W（ウォン）

　　・日本で言う介護保険制度：2 〜 2.5 億W（ウォン）

・聴覚障害・発達障害の施設を運営しているスニム（調査）

　・ヘソンスニム

　・「慈悲と平等」を大切な視点としている。

　・ヨナヲン：社会福祉法人

　障害者職業訓練：発達障害の利用者

　　　　　　　　　　聴覚障害の利用者

　　　　　　　　　が訓練している。

・地域住民も最初は，冷ややかな目で見ていたが，日々こちらから挨拶等を
　行っていくうちに，地域住民から笑顔や挨拶が出てくるようになった。

・地域住民も含めて教育に関わっている。

・日々，教育や仏教のことについて関わっていくことで，親御さんの意識も
　変化してきた。

・「苦しみを共にする正に共生，仏教となる」

・仏教の実践が社会福祉

・千手千眼→菩薩

・発達障害の利用者：単純作業

　　　　　　　　　　ボールペンの芯入れ

　　　　　　　　　　おしぼり詰め

　　　　　　　　　　上記作業に時間はかかるが，丁寧にやっている。

・聴覚障害の利用者：花のプレス，しおりを仁寺洞（インサドン）にも納め，
　　　　　　　　　　販売している。

・給与：発達障害の利用者：7千円〜3万円

　　　　聴覚障害の利用者：8〜9万円

・職員教育：「まず，障害者を自身の家族として考えなさい」

　　　　　　「障害者は，自分の先生である」→学ぶものがある。

・発達障害，聴覚障害の利用者の親御さんの感想
　最初は，自分の子どもが何もできないと思っていたが，作業をすることを
　通して，作業ができるようになり，親御さんが施設側に感謝している。

・ボランティアの人々も訪れている。
　聴覚障害・発達障害の利用者に対して，利用者のできない部分をサポート
　している（残存応力）。

・施設の運営：60％が，お布施や寄付で成り立っている。

　40％が，地域住民，メディア，国の支援で賄っている。

・麗水寺院調査

　・ションハンスニム

　・弘善のように信者の平穏を願っている。

　　「弘善」：インドの言葉

　・地域性

　　もともと開発された地域

　　現在は，高齢者が多く，食べ物を持ち寄るなど，地域の方々が集まる場所
　　ともなっている。

　・キリスト教：70％

　　仏　　　教：30％

　・子どもの段階から教育が必要であると考えている。

　　日曜日にお寺に子どもが来ている。

　　中高生に対して：学校に訪問して，倫理教育を行っている。

　　スンチョン大学：宗教教育をしている。

　・現在は，一人暮らし高齢者が周辺に増えた関係で，1週間に1度家庭訪問
　　し，食事をとっているか等，健康面に対しても配慮している。

　・地域住民のために

　　元気だが，経済的に困っている住民のために，見学した，キムチ・おせん
　　べい・昆布・豆腐の工場で働いてもらっている。

　・1997年から司法福祉にも取り組んでいる。

　　犯罪受刑者の心の教育を行っている。

　・男性：1,400人の受刑者に対して，毎週心の教育を行っている。

　　女性：30〜40人の受刑者に対しては，月に1回心の教育を行っている。

　　一方で，家族の再会支援や食事を一緒にとったり，お金や必要なものの提
　　供を行ったりしている。

　・寺院の活動については，100％お布施や寄付で成り立っている。

・**タプコル公園 (パゴダ公園) 付近，ホームレス支援事務所調査**

　・365 日，食事の提供 (昼間のみ) をしている。

　・仏教福祉：慈悲の実践をしている。

　・食事を提供されている人は，感謝の気持ちを述べている。

　　食事提供の際，「ごちそうさまでした。」「ありがとうございました。」等の
　　感謝の言葉がみられる。

　・ヲンギョンスニムの時，食事の提供が始まった。

　　現在は，ヴォリスニムが支援活動を中心に行っている。

　・職員：「現代仏教新聞」の写真記者を 13 年していた後，ホームレス支援事
　　　　　務所に勤務している (男性)。

　　　　　仏教信者で，「教育システム (伝道師)」をしていた。2015 年から現
　　　　　在のホームレス支援事務所に勤務している (女性)。

　・食事を提供されている方々：宗教的な事は，知る必要がないため，利用者
　　　　　　　　　　　　　　　　に聞いていない。

　・政府系の支援は無し

　　個人の寄付のみで運営している。

　　企業からの献金：1 カ月 1,500 〜 1,800 万 W (ウォン)

　・ボランティア (ホームレス支援をしているボランティア)

　　仏　教：90%

　　他宗教：10%

　　35 団体：のべ，約 450 名のボランティアがホームレス支援を行っている。

　・食事提供利用者は，11：30 〜 12：30 〜 13：00 の間で約 220 〜 250 名の
　　人が利用している。

　・法律の相談も 1 週間に 1 回行っている。

第 4 節　仏教ソーシャルワークへの示唆

　日本の仏教者が貧困者を含む困難事例に関与した活動は，その時代の僧侶が
宗教活動を実践していくなかで，生活のなかに問題をかかえて呻吟する民衆に

出会うことを契機として実践された活動といえる。

　仏教者の生活困難に対する活動例としては，以下に示すようになっている²⁾。

① 終戦直後から戦後復興期：寺院・宗派・地域仏教会などで食糧援助や生活援助の活動，及びそれを促す運動が数多く行われている。

② 高度経済成長期：経済社会の高度成長に伴って噴出した諸問題へと援助の中心が移行。→募金活動などによる経済援助や相談活動へと中心が移行。

③ 低成長期からバブル経済期及びバブル崩壊以降の時期：国や地方による各種社会制度の整備が進捗し，他方で全般的な不況の影響，難民への国際援助活動に関心が移行。

　また，仏教の目指すものは，国境や宗教を超えた人類社会の福祉の実現³⁾。と考えた場合，今回の韓国でのインタビュー調査を踏まえると，上記の3期を経て，以下の図に集約できる（図1-1）。

　まず，寺院の取り組みとしては，仏教社会福祉の実践及び無財の七施の教えに基づいて仏教者が貧困者を含む困難事例に関与した活動を行っている。

　また，政府の基盤が軟弱な場合は，上記の寺院の取り組みの中に民衆の生活があり，実践されている。一方において，政府の基盤が強固な場合は，生活保護，年金制度，医療制度等の各種の社会保障制度の整備がされているため，寺院は，民衆の生活のなかにはコミットメントせずに，民衆の生活の一部のなかに，寺院の取り組みや政府の取り組みがあると考えられる。

2)　日本仏教社会福祉学会編(2014)『仏教社会福祉入門』法蔵館，pp.124-127。
3)　日本仏教社会福祉学会，前掲書，p.178。

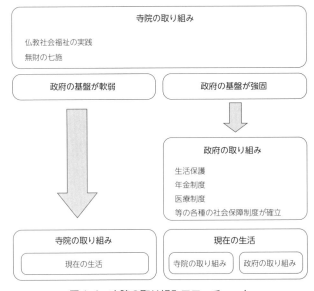

図 1-1　寺院の取り組みフローチャート

出典：筆者【藤田則貴，劉光錘】作成

　したがって，寺院の取り組みは，政府の基盤が軟弱な時は，本来政府で行うような活動や支援を寺院が担っている。ということがいえるのではないか。

第 5 節　調査のまとめ

　上記の寺院の取り組み（図1-1）のフローチャートに示す仏教の実践原理は，共感が大前提の「四無量心（慈・悲・喜・捨）」に集約されている[4]。と考えられる。

　この四無量心とは，「無量」の民衆を救うという意味で四無量心とよばれ，また，これを修すれば梵天に生まれ，そこに住むことができるという意味で「四梵住」ともよばれる。

　慈は「悲しみ」，悲は「哀れみ」，喜は「他者の幸福を喜ぶこと」，捨は「好き嫌いとかの差別なく，喜びにも溺れない中立・平等の感情」とされている[5]。

---

[4]　日本仏教社会福祉学会，前掲書。

[5]　日本仏教社会福祉学会編（2006）『仏教社会福祉辞典』法蔵館，p.142。

　また，一方において，ソーシャルワーカーが立ち向かう厳しい現実を「諸行無常」と認識する無常観で冷静に見定める態度を保つように求める。さらに支援する場面では，「四摂事（布施・愛語・利行・同事）」を基本的な態度とし[6]，実践している。

　そのため，仏教ソーシャルワークの視点や態度を大切にし，そこに基本を据え，今まで調査してきた幼稚園，老人綜合福祉館，障害児入所施設（発達障害児者・知的障害児者）の調査，ホームレス支援の現状視察及びインタビュー調査を現地調査など，12施設の調査においても同様な視点や態度が見られた。

【参考文献・参考資料】

日本仏教社会福祉学会編(2006)『仏教社会福祉辞典』法蔵館

日本仏教社会福祉学会編(2014)『仏教社会福祉入門』法蔵館

郷堀ヨゼフ編(2018)『研究シリーズ　仏教ソーシャルワークの探求 No.0　西洋生まれ専門職ソーシャルワークから仏教ソーシャルへ』学文社

郷堀ヨゼフ・小川博章編(2018)『研究シリーズ　仏教ソーシャルワークの探求 No.1　モンゴルにおける仏教ソーシャルワークの誕生と成長』学文社

菊池結・郷堀ヨゼフ編(2019)『研究シリーズ　仏教ソーシャルワークの探求 No.2　ベトナムの仏教―慈善事業から仏教ソーシャルワークへ―』学文社

渋谷哲編(2019)『研究シリーズ　仏教ソーシャルワークの探求 No.3　ラオスにおける仏教ソーシャルワーク実践の概説』学文社

松薗祐子編(2020)『研究シリーズ　仏教ソーシャルワークの探求 No.4　タイにおける社会福祉の起源と発展』学文社

東田全央(2021)『研究シリーズ　仏教ソーシャルワークの探求 No.5　スリランカにおける仏教ソーシャルワーク』学文社

郷堀ヨゼフ編(2021)『研究シリーズ　仏教ソーシャルワークの探求 No.6　境界線を越える世界に向けて―広がる仏教ソーシャルワークの可能性―』学文社

藤森雄介(2021)『研究シリーズ　仏教ソーシャルワークの探求 No.7　東アジア地域におけるソーシャルワーク―中国仏教・台湾仏教編』学文社

松尾加奈・郷堀ヨゼフ編(2023)『研究シリーズ　仏教ソーシャルワークの探求 No.8　東南アジアにおける仏教とソーシャルワーク―カンボジア・ミャンマー編―』学文社

---

6)　日本仏教社会福祉学会編(2014)『仏教社会福祉入門』法蔵館　p.105。

第2章　圓佛教とエコスピリチュアルなソーシャルワーク

スングジム・リー

第1節　緒　言

　世界はグローバルな社会として今までになくつながっている。COVID-19 パンデミックが激化し，私たちの周りで起こっていることに対する集団的な認識が高まった。ありがたいことに，パンデミックは米国社会に深く埋め込まれている深刻な社会問題に対して警鐘を鳴らしている。この世界的な警鐘は人々，学生，専門家，擁護者，学者をはじめとする人々に，彼らが意識しているかどうかにかかわらず，私たちがしていること（またはしていないこと）を見直すように促している。それに続き，このことについて熟考することにより，支配的な枠組みや植民地主義的な文化の下で沈黙を強いられてきた現在の知識や伝統と再びつながることを促している。この状況において，より包括的で平等かつ多様な学習・教育環境を育むために挑戦・統合する新しいアプローチが検討されている。

　ソーシャルワークにおける知識のトレンドのうち，あまり注目されていないものの一つにエコスピリチュアルなアプローチがある。これまで，精神性と環境の関係性は，エコスピリチュアルな観点の中心に在り続けてきた（"Ecospirituality," 2021）。エコスピリチュアリティはディープエコロジーの思想による影響を受けた新たな運動であり，「生きとし生けるものが持つ内在的な価値の認識と，環境政策の形成におけるその活用」により特徴づけられている（Drengson, 2012）。ソーシャルワークにおけるエコスピリチュアルな考え方は，「ソーシャルワークが土着の考え方や伝統的な助け合い・癒し合いの在り方を受け入れることに消極的であった」こと（Coates et al., 2006：381）と，「ソーシャルワーカーは多様性を効果的に受入れようとしてきたにもかかわらず，そのような取り組みが不可能であるという支配的なパラダイムの中で活動してきた」こと（p.381）に対する批判的な考察から生まれている。Coates et al.（2006）

は，ソーシャルワークにおけるエコスピリチュアルな考え方に対する関心の高
まりを，強制されてきた西洋中心的なパラダイムをシフトさせ，現地の声を含
めることや有益で純粋な異文化交流を可能にする新たな機会であると捉えてい
る。

　「現代の資本主義，産業技術，個人主義に基づいた道徳，および機械的科学
に内在する問題」(Christopher, 1999：361) を乗り越えるための新しい意識や世
界観を呼びかける新しい運動とともにエコスピリチュアル・アプローチが浮上
するにつれて (Gray & Coates, 2013)，圓佛教は，20世紀初頭に台頭した新しい
現代的宗教運動として，その基礎において物質の勢力の奴隷となっている人々
の本来の性質を覚醒させることを重視している。世界のあらゆる物の相互関連
性や相互依存性の認識と，相互尊重，支援，および説明責任の実践は，豊かで
感謝に満ちたグローバルな社会に貢献するために不可欠な教訓であると考えら
れている。

　その結果，圓佛教とエコスピリチュアリティは両方とも，変化をもたらし，
革新的な心，文化，および環境に関する新たなビジョンを実証という意味でつ
ながっている可能性が高い。この文脈において，筆者は，「圓佛教の考え方は
どのようにエコスピリチュアルなソーシャルワークに適用されるのか」を本章
で問うことで，圓佛教とエコスピリチュアルなソーシャルワークの調査を試み
る。この問いを通じて，圓佛教とエコスピリチュアルなソーシャルワークの過
去，核となる信念，価値観，および実践について見ていく。最後に，筆者は，
これらの観点が同じ価値観を共有しており，圓佛教の根幹を成す要素がエコス
ピリチュアルなソーシャルワークの観点を支持できることを論証する。

第2節　圓佛教

2.1　起源と背景

　圓佛教は現代的な改革派の統合仏教である。圓佛教は仏教の活性化と現代化
の他に，仏教の教えや瞑想の実践を日常生活に適用することを目指している。
圓佛教は，教祖である少太山 (Sotaesan) が1916年に韓国で創始した新宗教で

ある。圓佛教は韓国の主要宗教の一つへと発展し，文化におけるその存在感を高めつつあるとともに，創始以来韓国の主な宗教の一つとなっている (Park, 2020)。圓佛教は，世界各地にある 21 ヵ国に 61 の寺と 21 の組織を設けている。

　圓佛教などの宗教運動の多くは，宗教的，社会的，政治的な動乱の時代に勃興している。特に，「開闢 (the Great Opening)」と，より安定した社会を将来作り上げることは，韓国での新宗教運動の台頭における中心的なテーマであった (Park, 2020)。少太山は自修大覚を成就した後，文字通り「物質が開闢されたので，精神を開闢しよう」を開教標語として，聖職者と俗人，女性と男性，そしてあらゆる経済階級や人種の間における平等を重視した，すべての人のための修行を構想した (*The scripture of Won Buddhism*)。同時に，この開教標語は，「物質の進歩に合わせて，精神も修養しよう」と解釈することもできる。

　圓佛教は「三同倫理 (Ethics of Triple Identity)」に基づいた宗教間協力の運動も指導している。これについて，第二代宗法師 (少太山の次の代) である鼎山宗師は，1961 年に次のとおり述べている：「すべての宗教や精神性は共通の源に基づいており，すべての人間やあらゆる形態の命は地球上の一つの家族 (One Earth Family) として相互依存し，すべての事業は共通の目的を持っている」(Lee, 2000：162)。圓佛教は，どの宗教もすべての人を正しく道徳的に指導する義務があり，世界文明の構築に向けて，この惑星を平和な楽園とすべくともに協力しあうべきであることを説いている。圓佛教は環境，教育，社会福祉，地域社会への奉仕，人権，女性問題，人道的援助などに関わっている (Won Buddhism (of Manhattan), 2021)。筆者は，以下の節において，圓佛教の黎明期に起きた二つの出来事に特に注目する。ここで筆者は，「貯蓄組合 (saving union)」と「防堰事業 (embankment project)」の観点から過去を捉えることで，進化しつつある現代的な宗教運動において地域おこしが起こった過程を明らかにする。

2.2　貯蓄組合と防堰事業

　貯蓄組合は，少太山の指導の下で圓佛教の二年目にあたる 1917 年の 8 月に

設立された。少太山大宗師は，貯蓄組合の設立時に「精神の鍛練を研究して実践し，公共事業を行うためには，お金の一部を研究や公共事業に充てるために貯金できるよう組合を設立しなければなりません」と弟子たちに説いている（Chng, 2018：94）。Chung（2012）は貯蓄組合について説明しており，少太山による圓佛教の開教を韓国仏教の改革を通じて描いている：「少太山は，勤倹節約，虚礼の廃止，迷信の打破り，禁煙・禁酒を重視した戒律を定めた」（p.63）。貯蓄組合事業はその目標を達成し，この新しい修道会の財政基盤を構築するための土台として機能したのである（Chung, 2012）。さらに重要なことに，貯蓄組合が実証した共同の取り組みは，有意義な形で生活習慣を変えるよう他者を促すという共通目標のための団結精神を強化させた。

　次の歴史的な動向は，地域社会に基づいた取り組みである「防堰」として知られている。1918年当時，韓国は日本に占領されており，世界もスペイン風邪のパンデミックにより荒廃していた。圓佛教創始から3年目（1918年）の3月，貯蓄組合を通じていくらかの資金を集金した少太山は弟子たちや地域の人々に防堰事業のビジョンを語った。「私たちは稼いだお金で重要な事業ができる…あの干潟を見てください。あの土地は荒れ果てているかもしれませんが，ダムを建設して，この干潟を水田へと変えることができます。完成するまで数年かかるでしょうが，社会，ひいては我が国にとって間違いなく有益になることでしょう。公共の福祉に役立つためにこの事業を始めるのはどうでしょう？」（Chng, 2018：93-94）。少太山は，韓国南西部にある，汽水が流れ込む海岸沿いの広大な干潟を耕すために，集団を動員したのである。事業は1年後の1919年に完成した。事業の成功は少太山の監督や道徳的指導，そして人々の滅私奉公によって可能となったのである。約25エーカーの干潟が農地として干拓された。防堰の完成により無益な土地を生産性の高い土地へと変え，それにより隣人たちや地域の人々の自給自足度や全体的な幸福感が向上し，地域の開発に貢献したのである。

2.3　核となる原理

　圓佛教は，韓国が日本に占領されており，植民地主義と抑圧に苦しんでいた19世紀末から20世紀初頭の間に世界に登場した。しかし，現代的な宗教運動が勃興するにつれて，圓佛教は未来の宗教となることを目指して新しい世界を夢見たのである。まず，教祖である少太山は，従来の仏教における正覚とは対照的に「精神の開闢」を強調した。圓佛教は，以下の原理に従って創始されている。

> 「今日では，科学文明の発展とともに，物質を活用しているはずの人間の精神が次第に衰弱しており，その一方で物質の勢力が日増しに強くなり，弱った精神を征服しその支配下に置いている。したがって，人間は，物質の奴隷へと成り下がることを余儀なくされているのである… そのため，私たちが圓佛教を開いた動機は，精神の勢力を拡張し，『真理的宗教の信仰』と『事実的道徳の訓練』を通じて物質の勢力を克服し，一切の生霊を… 広大無量なる楽園に導くことである。」
>
> (*The Principal Book of Won Buddhism*, Part One: General Introduction, Chapter One: The Founding Motive of the Teaching：17)。

　少太山が言う「物質の勢力 (material power)」は，唯物論的な人工品のみならず，競争，搾取，自然の生態系の劣化，不正，差別，およびあらゆる形態で生じている人の尊厳や人間性の喪失などといったすべての資本主義の副産物も含めるものとして，開教の動機という点から広く理解されるべきである。その結果，今日の問題を解決する手段としての精神の修養は個人の精神的な開発から始まり，個人を治癒する段階を超えて広がっている。これは，自覚 (self-awakening) を通じた社会および世界の問題や懸念への反応でもある。
　圓佛教では，すべての存在の関係性を真に認識することが精神的な鍛錬や公共事業の中心にある。圓佛教の用語では文字通り「四恩 (Four Grace)」と呼ばれており，これらは天地の恩，親の恩，衆生の恩，そして法の恩のことを指し

ている。しかし、「恩」は、より明確に理解するために、この文脈において「相互関連性」や「相互依存性」と翻訳することも可能である。圓佛教の世界観では、すべての物が相互につながり、お互いにより支えられている。他者の助けがなければ、人は一人で独立して生きることはできない。Chung（2012）は、次の通り述べている。「空気、水、地がなければ人の命が不可能であることに気付くまでにあまり時間はかからないであろう。天地は、少太山が法身仏の本質により見出している自然の普遍的な恩恵をもたらしてくれる。すべての生きとし生ける物は、天地の道と徳に生かされているのである」（p.80）。同様に、このような相互依存した関係は学習と教育のためにも非常に重要であり、精神の覚醒だけでなく、社会に統合し世界的なレベルで実践するための基礎にもなる。

2.4 公への滅私奉公

圓佛教における精神の鍛錬の目標は、地域社会に恩恵をもたらすことである。「公への滅私奉公」は、圓佛教が掲げる四つの偉大な原理の一つである。これについて、(Chng, 2018) では次のように説明している。「公への滅私奉公とは、自分や家族のことしか考えない思考や身勝手または気まぐれな行為を止め、利他的な大乗仏教の修行を通じて、すべての生霊に対し誠実かつ献身的に自らを捧げることである。」(p.39)。圓佛教の考え方では、平和で調和した相互依存的なグローバル・コミュニティを達成するために、利他主義の考え方を深く支持している。すべての実践者には、より良い生活環境のために、各自の能力の限りを尽くしてこの責任を高めることが奨励されている。

第3節 エコスピリチュアルなソーシャルワーク
3.1 起源と発展

「エコスピリチュアリティは生態の科学と精神性を結び付けている」（"Ecospiriutality", 2021）。しかし、「現在の我々の世界、特に西側では、客観的に測定または理論化できないため（省略）精神性が科学の物質的な検証から

切り離されてしまっている」(Tario, 2019：182)。学術的な認識論は一般的に理性，論理，客観性に基づいているため，精神性は学界において信頼できる知識として評価されていない (Collins, 1998；Tario, 2019)。このような状況の下，精神性は幾度となく過小評価され (Tario, 2019：182)，社会的に見過ごされた領域となっている。

　幸い，1990 年代以降は，ソーシャルワークの教育家でありカンザス大学社会福祉学部の名誉教授でもあるエドワード・カンダ博士の研究により，ソーシャルワークの分野で精神性が明確に認めらつつある。カンダ博士は，1989 年にスピリチュアリティとソーシャルワーク学会 (Society for Spirituality and Social Work) を創設しており，1991 年から 1992 年にかけては初の学会誌である「Spirituality and Social Work」を創刊している (Lee, 2020)。これらの取り組みはソーシャルワークにおける精神性の統合に役立っており，精神性の概念は経験，クライアントからのインプット，そして心身の関係性を支持する研究の積み重ねを通じて，ソーシャルワークの実践において一般的になりつつある (Canda et al., 2020)。

　エコスピリチュアリティは「人間と環境の精神的な相互関連の現れ」として定義されている (Lincoln, 2000：228)。エコスピリチュアリティの概念においては，精神性は「意味のある目的や幸福感を超越する現実の追求に関係する文化における人間の普遍的な性質と，我々自身，他者，そして代替現実との深遠な関係性」として捉えられている (Canda & Furman, 2010：5)。エコスピリチュアリティは，現代性に内在する二元論・決定論的思考や人間の支配を批判的に熟考することで，人が地球に対して持つ適切な関係性を疑問視し，その新しいナラティブを模索する過程から浮かび上がった (Gray et al., 2013)。

　Coates は，「全体論的かつ包括的であるエコスピリチュアルなアプローチの台頭は，ソーシャルワークの職業が脱植民地化プロジェクトの一部になることを可能にし，社会・生態学的正義の追求において現在のアプローチよりもより効果的になれる」と主張している (Gray et al., 2013：63)。数々の学者がソーシャルワークの分野において，「西洋の哲学的なプロジェクトに見られる二元論的

思考やそれらの実践上のモラルを乗り越え，精神性と環境正義をこの職業にお
ける伝統的な社会正義と個人的成長の重視と融合させる」新たな領域を開拓し
ている (Gray et al., 2013：68)。ソーシャルワークにおける支配的な枠組みに挑
戦しているにもかかわらず，エコスピリチュアルなソーシャルワーカーは，
ソーシャルワーカーの役割を変化をもたらす主体と捉えるよう促すことで
(Gray et al., 2013)，全体論的な新しいアプローチが「専門的な思考を脱植民地
化させるとともに，個人主義や二元論の優越性や，文化間を超えて効果的な仕
事を妨げる，疑いのない進歩，効率，現代性から距離を置く」ために役立つと
考えている (Gray et al., 2013：68)。

　土着の体験や，従来の助け合い方や癒し合いのあり方を深く尊重しているこ
とから，エコスピリチュアルなアプローチはソーシャルワークにおける文化に
配慮した実践にぴったり合う (Coates et al., 2006)。Coates らは，異文化間，反
人種主義，反抑圧的な実践のアプローチが自らの実践を見直し，土着の考え方
に対してより敏感になることを可能にしているものの，それらにおける土着
的・文化的多様性に対する認識が欠けていることを批判している (Coates et al.,
2006)。その意味では，そのアプローチが「地域社会，個々の主体性，そして
人生計画の実践に向けたクライアントの能力の向上を大きく認識」することを
含んでいるという点でエコスピリチュアルな観点が高められている (p.385)。

3.2　持続可能性におけるエコスピリチュアルなアプローチ

　持続可能性に関する懸念は多くの分野で多大な懸念事項となっており，ソー
シャルワークも例外ではない。エコスピリチュアリティと持続可能性を扱った
Lestar and Böhm (2020) では，「脱成長という過激な世界観と，人生における
幸せと充実感を達成するための異なる方法」(p.56) を目指すエコスピリチュア
ルな実践の重要性を実証することで，エコスピリチュアルなアプローチを含め
るという発想を常に支持している。彼らは，気候非常事態の時代において，エ
コスピリチュアルな解決策の方が注目を集めるであろうことと，持続可能性へ
の移行に含めるべきであることを主張している (Lestar & Böhm, 2020)。

　Lestar & Böhm（2020）は，持続可能性を実践するにあたり，その方法を検討する上で重要な要素が私たちに欠けていると批判している。「精神性と宗教」が欠けているが，地球上のほとんどの人が何らかの精神的または宗教的な信念体系に関係しているかその影響を受けていると自ら考えていることを踏まえると，そのような欠如は妙である（p.57）。

　Lestar & Böhm（2020）の主張に沿って，Koehrsen（2017）も「環境に優しい社会へと移行するにあたり宗教が重要な要素となりうる」（p.5）ことを指摘している。

　彼は，宗教的なビジョン，道徳上の姿勢，持続可能性への移行を目指した実践を統合することを強調し，「科学，技術，政治にはこのような能力がないものの，宗教はこのギャップを埋められる候補としてかなり適しているように思われる」（p.5）と述べている。

　その点では，エコスピリチュアルなアプローチは「人間の行動や日々の実践を理解し，地域社会や社会運動がボトムアップ式にシステムに変化をもたらすことを評価する」（Lestar & Böhm, 2020：57）上で役立つため，エコスピリチュアルなアプローチにはさらに研究を進める余地がかなりあり，持続可能性に関心を持つ多くの学者もこの概念を信じている（Lestar & Böhm, 2020）。

3.3　中心的理念

　エコスピリチュアルなソーシャルワークで特に重視しているのは，全体論的な考え方から捉える人と「残りの自然」や世界全体との関係性である（Gray et al., 2013）。あらゆる物の間における団結はこの考え方の核となるテーマとなり，「人間は世界の生態系における一面でしかなくなる」（p.361）。すべての生き物の団結は，相互関連性（interconnectedness）として解釈される。これは相互依存的な関係性としても知られており，「あらゆる生物種の健康と幸福と天然過程の破壊は，人間や地球の幸福に直接影響を及ぼす」（p.361）。「この相互依存性を理解することで孤立した個人主義から関係アイデンティティへとシフトできるため」（p.361），エコスピリチュアリティの核を成す原理となっている。世

界にいるそれらとの関係性という意味では，このことはより謙虚で責任感のある人間になることを奨励している。これは，私たちの行動が自分自身や生態系に直接もたらす効果が，地球上の他の生き物とどう交流するかによって，より調和のとれた有益な生き方にもより有害で危険な生き方にもつながるからである。

　その結果，エコスピリチュアルなアプローチは人々に「個々の生活習慣や社会において支配的な行動パターン」(p.361) について再考し，「自分自身や集団全体に対して責任感を感じる」(p.361) ように仕向ける。さらに，エコスピリチュアルな考え方において「生態学的意識」(Uhl, 2004) を広げることで，「相互依存的な関係性」や「人間の義務」といったことの理解などの中心的理念は「他人や地球全体の幸福のための個人的および社会的な変革」(p.361) に影響する。

　　Gray et al., (2013) は「社会的変革に向けた直接的な取り組みに集中することは，エコスピリチュアリティラディカル・ヒューマニズムと被っている領域であり，ニューエイジを超えている」と述べている (p.362)。このようにして，エコスピリチュアリティは，社会・政治参加へのコミットメントがニューエイジよりも大きいという点で後者と異なっている (Besthorn, 2000；2002；2013；Coates, 2003；Hodege, 2007；Gray et al., 2013)。さらに重要なことに，エコスピリチュアルなアプローチは，症状の緩和よりも根本的な原因に着目し，プログラムの開発や提供において地域社会や他者に対する責任の重要性に配慮し，すべての人のための正義を追求するにあたり政治的に関心を持ち精通するようソーシャスワーカーを導くことができる (Coates, 2006；Gray & et al., 2013)。

　　社会変革の目標との関係においては，エコスピリチュアルな考え方に基づいた人の心の脱植民地化は必要なステップである (Gray et al., 2013)。「それは，人々が覇権的な思想から自らを切り離す過程における癒しの一形態である」(p.77)。Gregory (2008) によると，心の脱植民地化は単に個人の

タスクが関わるものだけではなく、「先住民が自らの経験のストーリーを組み立て直し、過去の抑圧的な影響から解放され個人的・文化的な心理の発見を可能にするような理解を育める」支援的かつ協力的な関係性を伴うものである（Gray et al., 2013 : 77）。

「先住民の政治的・社会的な苦闘におけるより効果的な見方」であり（p.74）「誤った概念化や実践方法を通じて他者を不意に抑圧しない」という点では、心の脱植民地化の実践は、エコスピリチュアルな観点からより効果的な実践者や教育者であることと繋がっている（p.74）。

　これらの中核的な原理を検討することで、エコスピリチュアルなソーシャルワークのアプローチは「文化的多様性を讃え、あらゆる物の相互依存性の上に発展していくにあたる希望と意味」（Gray et al., 2013 : 77）を再発見し、復活させ、育むことを試みる批判的な統合ネットワークとして理解される。

3.4　圓佛教とエコスピリチュアルな考え方に共通する価値観

　圓佛教とエコスピリチュアリティの起源とそれぞれの歴史的文脈における発展、ビジョン、および実践の理論的な説明を通じて、圓佛教とエコスピリチュアルなソーシャルワークは新しい知識や実践モデルを創出する可能性を目指して共通の価値観を持っている。

　第一に、両者の考え方に基づいて「相互依存的な関係を認めること」は、ソーシャルワークの価値や実践の強固な基盤となりえる。「相互依存性」を強調することは、調和した世界の実現に向けて、人間社会における倫理として重要になりつつある。COVID-19 パンデミックが終わる前にも、次のパンデミックが発生してしまう可能性もある。私たちは自分たちの責任や道徳的行動を洞察力のある知恵を持って修養し、未来の世代が世界市民になるよう準備する必要がある。他の者を大事にすることは他者を助けるだけではなく、自分自身を助け確実な手段でもある。

　第二に、圓佛教やエコスピリチュアルなソーシャルワークの考え方では「革

新的な変化と社会行動」が極めて重要である。革新的な変化と社会行動という
テーマにおいて，包含性，多様性，連帯，相互尊重，全体性など，両方の考え
方において重要であると見なされる価値観に基づいて，多くの要因が個人，社
会，世界の各レベルに含まれる。しかし，最初のステップは革新的な変化を構
築することであり，社会行動はエコスピリチュアルなソーシャルワークや圓佛
教において人の心を脱植民地化させることである。圓佛教は「脱植民地化」と
いう言葉を直接的に用いてはいないものの，開教標語が示しているとおり，圓
佛教は精神の勢力が物質の勢力の奴隷とならないように強化することを追求し
ている。人による物質の勢力の活用の在り方によっては，人間社会に正の影響
も負の影響も及ぶ大きな可能性がある。

　したがって，植民地主義的な認識論型の思考から自らを解放し，批判的意識
を高めることは，両者の考え方において強調されている一つ目の本質的なス
テップなのである。このようにして，筆者は，圓佛教の考え方にはエコなソー
シャルワークの基本的な要素を発展させる多大な可能性が秘められていると主
張する。実践上の意味合いを改善させるための可能性もいくつかあることは明
らかである。エコスピリチュアリティなソーシャルワークは，その強み，倫理
的基盤，および実践モデルをさらに構築していくために，圓佛教の精神的な鍛
練を適応させ取り込んでいくことが考えられる。

第4節　結　論

　「人に宗教的または精神的な志向があるかどうかにかかわらず，自然と社会
の単純さとそれらの新たな関係性は，今までになく大きな意味を持つように
なっている」(Lestar & Böhm, 2020：69)。また，Gray et al. (2013) は，「他者の
多様な精神性を認識しそれに携わる精神的契約は強力で望ましい可能性がある
だけでなく，政治的な協定よりもさらに永続的で持続可能なものである可能性
もあり，社会的・生態的正義を支持する行動へと繋がりうるものである」(p.78)
と述べ，社会正義や変化のための精神的契約を奨励している。

　本章では，筆者はエコスピリチュアルなソーシャルワークの領域を掘り下

げ，この新しい分野と，参加佛教の現代的な精神的伝統である圓佛教の相乗効果を検証した。いずれも相互関連性や相互依存性という深遠な原理に深く根差しており，まずは心を脱植民地化させ，世界との深い団結の感覚を育むことで変革的な社会変化を触媒するという共通のビジョンを共有している。

　本章における探求により，圓佛教の知恵を現代のソーシャルワークの理論や実践の枠組みに統合できるという刺激的な可能性が明らかになった。相互関連性と相互依存性の原理を受け入れることで，ソーシャルワーカーは相互関連した私たちの世界の複雑さを切り抜け，より全体論的で持続可能な解決策の創出に貢献できるようになる。このような統合は，より包括的で，精神的に賢明で，社会的に公正なソーシャルワークへのアプローチに向けた足がかりとなる可能性がある。

　まとめると，この探求では，これら 2 つの領域が収束することにより生まれる可能性の表面をかすめただけに過ぎないことは明らかである。この相乗効果に秘められている可能性を完全に解き放つためにはさらなる研究や対話が必要であり，そのような取り組みは，エコスピリチュアルなソーシャルワークと圓佛教が進化し続け，より調和のとれた公平な世界を追求するために適応していく中で両方を豊かにすることを約束している。

参考文献

Besthorn, F. H. (2000). Toward a deep-ecological social work: Its environmental, spiritual and political dimensions. In *The Spirituality and Social Work Forum,* 7 (2), 2-7.

Besthorn, F. H. (2002). Expanding spiritual diversity in social work: Perspectives on the greening of spirituality. *Currents: New scholarship in the human services*, *1*(1), 1-12.

Besthorn, F. H. (2013). Radical equalitarian ecological justice. *Environmental social work*, 31-45.

Canda, E. R., & Furman, L. D. (2010). *Spiritual Diversity in Social Work Practice*, 2nd ed. New York: Oxford Unversity Press.

Canda, E. R., Furman, L. D., & Canda, H. J. (2020). *Spiritual diversity in social work practice: The heart of helping*. Oxford University Press.

Christopher, M. (1999). An exploration of the "reflex" in reflexive modernity: The rational and prerational social causes of the affinity for ecological consciousness. *Organization & Environment, 12*(4), 357-400.

Chung, B. (2012). Sot'aesan's Creation of Won Buddhism through the Reformation of Korean Buddhism. *Makers of Modern Korean Buddhism*, 61.

Chung, B. (2018). *The Scriptures of Won Buddhism: A Translation of Wonbulgyo Kyojon With Introduction.* University of Hawaii Press.

Coates, J. (2003). *Ecology and Social Work: Toward a New Paradigm.* Halifax, NS: Fernwood Press.

Coates, J. (2013). Ecospiritual approaches: A path to decolonizing social work. *Decolonizing social work*, 63-86.

Coates, J., Gray, M., & Hetherington, T. (2006). An 'Ecospiritual' Perspective: Finally, a Place for Indigenous Approaches. *The British Journal of Social Work.* 36(3), 381-399.

Collins, P. H. (1998). *Fighting words: Black women and the search for justice* (Vol. 7). U of Minnesota Press.

Department of International Affairs of Won Buddhist Headquarters (DIAWBH). (2016). *The Doctrinal Books of Won Buddhism (Wonbulkyo Kyoso).* Wonkwang Publishing Co.

Drengson, A. (2012). *"Some Thought on the Deep Ecology Movement"* Foundation for Deep Ecology. http://www.deepecology.org/deepecology.htm (2023.12.13)

Ecospirituality. (2021). *Wikipedia.* https://en.wikipedia.org/wiki/Ecospirituality (2023.12.13)

Gray, M. (2008). Viewing spirituality in social work through the lens of contemporary social theory. *British Journal of Social Work, 38*(1), 175-196.

Gray, M., & Coates, J. (2013). Changing values and valuing change: Toward an ecospiritual perspective in social work. *International Social Work*, 56(3), 356-368.

Gray, M., Coates, J., Bird, M.Y., & Hetherington, T. (Ed.). (2013). *Decolonizing Social Work.* London: Routledge.

Gregory, J. (2008). Decolonization; A Process [Online]. http://juliangregory.weebly. com/decolonization-a-process.html (2023.12.13)

Hodge, D. R. (2007). Social justice and people of faith: A transnational perspective. *Social Work, 52*(2), 139-148.

Koehrsen, J. (2017). Conceptualizing roles of religion in sustainability transitions. *CIRRuS Working Papers*, (9). Universität Bielefeld.

Lee, C. O. (Ed.). (2000). *Vision for a new civilization: Spiritual and ethical values in the New Millennium.* Won Buddhism Pub.

Lee, S. (2020). Integrative paper. Empowerment Theory and Won Buddhism's perspective on Spirituality and Aging.(Unpublished). Theory, Research, Practice doctoral course work.

Lestar, T., & Böhm, S.(2020). Ecospirituality and sustainability transitions: agency towards degrowth. *Religion, State & Society, 48*(1), 56-73.

Lincoln, V. (2000). Ecospirituality: A Pattern that Connects. *Journal of Holistic Nursing, 18*(3), 227–244. https://doi.org/10.1177/089801010001800305 (2023.12.13)

Park, K. (2020). The Funerary Rites of Won Buddhism in Korea. *Religions, 11*(7), 324.

Tario, J. (2019). Critical Spirituality: Decolonizing the Self. In *Decolonizing the Spirit in Education and Beyond*(pp. 179-193). Palgrave Macmillan, Cham.

The Doctrinal Books of Won Buddhism(*Wonbulgyo Kyoso*).(2018). Translated by the Committee for the Authorized Translations of Won Buddhist Scriptures. Wonkwang Publishing Co.

The Scripture of Won Buddhism. (2024). The History of Won Buddhism. http://wonscripture.org/Main/SubIndex/kyosa010402 (2023.12.13)

The Society of Spirituality and Social Work. (2024). About the society. https://spiritualityandsocialwork.org/about-the-society (2023.12.13)

Uhl, C. (2004). *Path to a Sustainable World: Developing Ecological Consciousness.* Lanham, MD: Rowan & Littlefield.

Won Buddhism of Manhattan. (2021). https://wonbuddhismnyc.org/won-buddhism (2023.12.13)

第2部

日　本

第3章　日本における仏教ソーシャルワークの歴史的な展開

馬場　康徳

　仏教は，約 2,500 年前のインドで釈迦によって開かれた。釈迦が出家し修行を積んで覚りを開き，その覚りの内容を人々に伝えることにより，多くの人々の共感を得て釈迦の教えが広まったものである。

　釈迦の教えは，釈迦の入滅後弟子たちによって経典の編纂が行われ，インド各地および周辺地域に伝播したが，伝わった地域の文化や環境の影響を受けて，異なったものになっていき，紀元前 2 ～ 1 世紀頃には，釈迦の教えを研究・整理して，精緻な議論を展開し，部派仏教へと分派していった。その後，釈迦の教えは，自分ひとりの悟りのためではなく，多くの人々を理想世界である彼岸に運ぶことという新しい解釈を加えた仏教における「宗教改革」とでも言うべき大乗仏教運動が興った。部派仏教がセイロン（現・スリランカ），ビルマ（現・ミャンマー），タイなど南方に伝播したのに対し，大乗仏教はチベット，中国，日本などへ伝わった。大乗仏教経典が最初に作られたのは 1 世紀頃と推測され，この時期に成立したのが，般若経・維摩経・華厳経・法華経・浄土経などの諸経典である。

　仏教（大乗仏教）は，シルクロードを経由して紀元前 2 年に中国に伝わり，その後，372 年には朝鮮半島（高句麗）に伝わり，538 年（552 年という説もある）には，朝鮮半島（百済）より日本に伝わり，日本仏教が成立した。

　仏教伝来から，日本仏教の流れを表 3-1 に示す。

　これら諸宗の開祖の活動により末法に応じた諸思想が展開され，日本仏教思想の最盛期を創出した。

　このように仏教は，日本においては末法思想の隆盛に影響され，鎌倉時代にその思想的頂点にのぼっていくが，古代社会以来我が国の福祉的事象と深く関わっており，仏教者による救済・救援活動が知られている。その代表的な人物として知られているのが，聖徳太子・行基・重源・叡尊・忍性ら古代社会から

表 3-1　飛鳥から鎌倉時代までの日本仏教

飛鳥時代	6 世紀中頃	日本へ仏教が伝来した。	
		538 年とする説	日本への公的な伝来は 538 年，百済の聖明王が釈迦仏像と経典その他を朝廷に献上したときとされる。
	7 世紀	606 年	聖徳太子（574 ～ 622 年）は，自らも熱心な仏教徒であり，仏教精神を礎として理想的な国家や社会組織を築こうと三経（勝鬘経，維摩経，法華経）の経典講義である三経義疏を著したといわれている。
平安時代	8 世紀	「末法思想」が広まり始める。	
	9 世紀	818 年	最澄（766 または 767 ～ 822 年）が，新たな仏教を修学する学生を養成する教育の指針を定める式文『山家学生式』をつくった。「福利国家」「福利群生」の言葉がある。
		830 年	空海（774 ～ 835 年）が，『秘密曼荼羅十住心論』を著し，真言宗の教判を確立した。
	10 世紀	「浄土教」が始まる。	
		963 年	空也（903 ～ 972 年）は，『大般若経』の書写事業を完成させ，鴨川の地に仏舎を造り供養した。
		985 年	源信（942 ～ 1017 年）が『往生要集』を著す。天台浄土教を代表する書。極楽往生のためには念仏の実践が重要であると説いた。
	11 世紀	1052 年に我が国は末法に突入したとされる。	
鎌倉時代	12 ～ 13 世紀	「鎌倉新仏教」と称される諸宗派が成立。	
		1175 年	法然（1133 ～ 1212 年）が専修念仏（浄土宗）を始めて，『選択本願念仏集』を著す。
		1191 年	栄西（1141 ～ 1215 年）が臨済禅（臨済宗）を広め，『興禅護国論』を著す。
		1224 年	親鸞（1173 ～ 1262 年）が一向宗（浄土真宗）を始め，『教行信証』を著す。
		1227 年	道元（1200 ～ 1253 年）が曹洞宗を伝える。『正法眼蔵』を著す。
		1253 年	日蓮（1222 ～ 1282 年）が法華宗（日蓮宗）を始め，『立正安国論』等を著す。
		1276 年	一遍（1239 ～ 1289 年）が時宗を始める。
		末法思想の隆盛により旧仏教も活発化	
		1212 年	明恵（高弁 1173 ～ 1232 年）が『摧邪輪』（さいじゃりん）を著し，戒律復興を説く。
		1286 年	叡尊（1201 ～ 1290 年）が自伝『感身学生記』を著し，戒律による救済を訴える。
		1303 年	忍性（良観 1217 ～ 1303 年，叡尊の弟子）が戒律復興を説く。戒律によって末法に対応。

出所) 清水海隆（2003），日本仏教師会福祉学会編（2006）を参照し，筆者作成

中世にかけての先師たちである。さらに近代以降にも多くの仏教者が知られている。そして，仏教者による福祉的活動（仏教ソーシャルワーク）には，人々を取り巻く困難や問題を解決しようとする社会的な要請があり，他方では，それと同時に仏教信仰や仏教教義からの要請があったと考えられている。社会的弱者救済からすべての人々の自己実現へ，という言葉があるが，まさに，仏教思想を踏まえたすべての人々が幸福に暮らせる社会の実現を目標としたソーシャルワークの事例は，個々の実践者の主体的動機付けを考える上でも有益である。本章では，我が国における仏教ソーシャルワークの歴史および現代 21 世紀までの活動，そして特に 2011（平成 23）年 3 月 11 日に発生した東日本大震災の仏教ソーシャルワークの担う役割についてまとめる。

第 1 節　我が国の仏教ソーシャルワークの歴史的展開

　インド，中国の展開を受けて，伝来した仏教の思想に基づいた日本における仏教ソーシャルワークの歴史について述べる。

1.1　飛鳥・奈良時代の仏教福祉

　ここでは，福祉思想・実践に顕著な足跡を残した聖徳太子，行基を取り上げる。

1）聖徳太子（574 〜 622 年）

　6 世紀末は氏族制度が末期的状況となり社会秩序が混乱した時代である。聖徳太子は，「十七条憲法」『三経義疏』などでよく知られた人物で，これらの著作から，仏教の理解者として福祉思想とのかかわりがみられる。当時の官人や貴族の政治に対する心得を示すために制定した「十七条憲法」では，第一条で「和をもって貴しとなす」と述べられており，第二条での冒頭では「篤く三宝を敬え，三宝とは仏法僧なり」と説いている。仏教の教えをもとに国つくりを試みたものといえる。さらに，第十条には，「我必ずしも聖に非ず。彼必ずしも愚に非ず。共に是れ凡夫（ぼんぶ）のみ」と説いている。つまり，互いに聖で

も愚でもなく，ともに「凡夫（未だ，悟りを得られていない者）」であると説いており，この意味で福祉活動の基本である平等の人間観を示したものといえる。

　この時期に活動した聖徳太子の仏教ソーシャルワークの活動には次のものが知られている。

　① 難波・四天王寺四箇院の建立（587 ～ 593 年）
　　・敬田院　：　四天王寺の金堂（本堂）
　　・施薬院　：　敬田院の北西に位置した医薬供給の施設
　　・悲田院　：　敬田院の北東に位置し，生活扶助を必要とする者の修養施設
　　・療病院　：　敬田院の北に位置する救療施設
　② 土木事業（池・溝・道）の展開池溝等は古来灌漑用水設備として整備が行われていたが，それを仏教的・儒教的思想で裏付け，農業生産の向上と庶民生活の安定のために行われた。

2) 行基 (668 ～ 749 年)

　8 世紀前半は，前世紀の「班田収授法」による税制が定着した時代である，農民の税負担は重く，天災・悪政もあって，中頃までに農民生活は困窮を極めた。大仏建立で知られる行基は，口分田耕作や課役から逃亡する農民を組織し，土木事業や布施屋と呼ばれる休息所の建設，新たな開墾を進めるために池や溝などを造るなどの社会的実践を展開し，その実践の場に四十九院とよばれる多くの院も建ててきた。各地域社会のニーズに応じて，橋や船息（港）などの交通関連施設や池や溝など農耕関連の施設などを整備している。

3) 奈良時代の仏教福祉活動

　奈良時代前半までの行基の活動に加えて，架橋・築堤・河川や道路開修・義井（共同井戸）設置等多くの仏教福祉実践がなされた。その主要なものは表 3-2 の通りである。

表 3-2　奈良時代の仏教福祉活動

① 土木関係	759 年	東大寺僧・普照は畿内七道諸国の駅路に植樹する。
	761 年	東大寺は平城京近辺に布施屋用地を購入する。
	767 ～ 9 年	寿応は募財により筑前宗形郡金崎港を築港する。
② 医療関係	703 年	大和の医僧・法蓮は病人を救治し，仏教医学のはじめとされる。
	723 年	興福寺に施薬院・悲田院が設置される。
	758 年	光明皇后は，悲田院・施薬院を設置し，ハンセン病救療事業の祖と称される。
		東大寺大湯屋の事績に代表されるように，寺院で温室施浴を実施。
③児童関係	764 年	和気広虫（法均尼）は，戦乱や飢疫による遺棄児童を収容し，83 名を養子とし，仏教保育の祖とされている。

出所）清水海隆（2003）を参照し，筆者作成

1.2　平安時代の仏教福祉

　平安時代は，400 年間にわたり都が平安京に置かれた。前半は天皇中心の律令体制期，後半は摂関政治から武家政治への移行期であり，末期には政治的・社会的混乱が拡大した時代であった。平安時代において，仏教福祉に主要な人物として，最澄，空海，空也を取り上げる。

1）最澄・伝教大師（766 または 767 ～ 822 年）

　最澄は，日本天台宗の開祖であり，菩薩の実践行に注目した僧である。比叡山に修行のため入山したのち，還学生（短期留学生）として唐に留学し，天台教学を学んだ。最澄は，天台ばかりではなく戒・禅・密教など幅広く中国仏教を吸収した。最澄の仏教福祉的な事蹟は次の通りである。

　① 広済院・広拯院の開設（615 年）
　　街道や交通の難所に難渋者の無料休憩所兼救済所として，美濃国と信濃国の境の長坂（神坂峠）の両端に布施屋を開設した。行基の四十九院を大乗仏教に根ざしたものと評価したのが，最澄である。

　② 『天台法華宗年分学生式』の作成（818 年）

『山家学生式』ともよばれ, 日本天台宗僧侶養成式と言うべきもので, 最澄が後継僧を養成していくためにつくったものであり, 慈悲についての独自の考えを述べている。慈悲とは,「悪事は己に向へ, 好事は他に与へ」,「己を忘れて他を利する」つまり, 悪い事を自ら引き受け, 好い事は他者に与えることによって, 他者を利することであると説いている。

2) 空海・弘法大使 (774 〜 835 年)

　空海は, 日本真言宗の開祖であり, 行基の社会的実践を継承した。空海は, 留学僧として唐に渡り, インド伝来の密教を学び, のちに高野山金剛峰寺を創設した。空海の仏教福祉的な事蹟は次の通りである。

① 讃岐の万農池 (または満農池) の築堤 (821 年)

　奈良時代に築かれた同池の修築に困難をきわめた国司が, 空海の指導を得て, 修築が完成した。

② 綜芸種智院の設立 (828 年)

　留学した唐で見聞した塾の存在を知り, 学ぶ機会のない人々のために設立された。当時, 大学・国学等の国立教育機関は不振であり, 庶民教育は忘れ去られていた。そこで, 東寺に綜芸種智院を設立したもので, 庶民教育機関の先鞭として評価されている。

3) 空也 (903 〜 972 年)

　空也は, 聖・沙弥運動の代表で, 市聖 (いちのひじり) とよばれた。各地を巡り, 山野に遺棄された遺骸を荼毘に付して供養し, 道路整備, 井戸の設置, 架橋などに力を注いだ。また, 囚人教諭・動物愛護なども行った。

1.3　中世の仏教福祉

　平安時代後期 (11 世紀後半) から, 鎌倉・室町・戦国時代 (16 世紀) にいたるおよそ 500 年間の中世は, 重税に天災・飢饉・疫病等が重なり, さらに戦乱等により社会的な混乱が拡大した時期である。この時期, 末法思想に裏付けられた

「鎌倉新仏教」が誕生し，民衆救済活動・福祉活動が展開された。鎌倉新仏教としては，浄土教＝法然（浄土宗）・親鸞（浄土真宗）・一遍（時宗），禅宗＝栄西（臨済宗）・道元（曹洞宗），法華経＝日蓮（法華宗）が成立した。また，旧仏教の改革も行われ，明恵の名利否定や，叡尊・忍性の戒律護持などが知られている。

　このような中世の仏教福祉活動の多くは，平安時代後半から流行した末法思想を受け，末代凡夫（末法の時代に煩悩に束縛されている人間，普通に生活している私たちのこと）としての衆生救済という観点からなされていたと考えられる。この時期の「鎌倉時代の三大慈善家」と称された重源・叡尊・忍性の活動と，鎌倉新仏教の法然，親鸞，一遍，道元，日蓮らの福祉活動は以下の通りである。

1）俊乗坊重源（1121〜1206年）

　重源は，鎌倉時代初期の浄土教の僧である。12世紀後半に宋に行き，阿育王山で舎利殿建立に携わり，土木建築の技術を修得した。帰国後，東大寺勧進職として，源平の争乱で焼失していた東大寺を再建した。諸国を回り，民衆の悲惨な状況に接し，庶民救済等の活動を推進した。その活動は『南無阿弥陀仏作善集』によると，施浴事業（湯屋・湯船・釜等の施入），土木事業（架橋，船泊の修築），農民救済のための荘園開発，死刑囚の減刑など囚人および飢民（周防・長門）の保護・救済，別所の建立などがあげられる。

2）興正菩薩思円叡尊（1201〜1290年），忍性菩薩良観（1217〜1303年）

　叡尊と忍性は，鎌倉時代末期の真言律宗の僧で師弟関係にあった。社会の最下層にある人々への救済事業を展開し，その活動には共通するものがある。
　叡尊・忍性の主な活動は表3-3の通りである。

表3-3　叡尊と忍性の主な救済活動

叡尊	非人乞食救済，癩病者救済（ハンセン病），囚獄人救済，殺生禁断，貧窮・孤独・病苦者の無遮大会，遊女教化，施浴事業

忍性	西大寺常施院の設置，極楽寺施薬院・悲田院・療病院・福田院・薬湯院・癩病院等の設置，四天王寺悲田院・敬田院の復興，架橋，道路の修築，井戸の掘削，殺生禁断，飢饉時の施食，疾病流行時の療養，浴室・病室の設置

出所）表 3-2 に同じ

　忍性は，師である叡尊の実践をさらに深め，「非人」「らい者」（ハンセン病者）の人々への救済を進めた。忍性の注目される活動には，表 3-4 の活動がある。

表 3-4　忍性の救済活動

忍性	1242 年	「北山十八間戸」の救済活動
		奈良・北山宿には疥癩者が住む「北山十八間戸」があり，忍性はそこで衣服を施与し，歩行困難な疥癩者（かいせんしゃ）を背負って町に送迎し，乞食をさせたと言われている。
	1287 年	鎌倉・桑ケ谷療病所を開設
		鎌倉幕府の北条時宗が，貧民を救済する療養所を設けさせた。桑ケ谷療病所は恒常的な施薬・治所で，開設後 20 年間で治癒者 46,000 人余，死者 10,000 人余，また 34 年間では治癒者 70,000 人余，死者 17,000 人余とされ，多くの病者が療病所を訪れた。

出所）表 3-2 に同じ

3) 法然 (1133〜1212 年)，親鸞 (1173〜1262 年)，一遍 (1239〜1289 年)

　鎌倉仏教の興隆を担った法然，親鸞，一遍らの福祉思想・実践を表 3-5 に示す。

表 3-5　法然・親鸞・一遍

法然	1175 年	専修念仏（浄土宗）を始める。
親鸞	1224 年	一向宗（浄土真宗）を始める。
一遍	1276 年	時宗を始める。

出所）表 3-2 に同じ

　この時代は，飢饉や災害，地方の治安の乱れなど，国難な状況が続き末法思想が広がっていた。

　法然は,「造像起塔」(仏像を造り,塔を建てる),「智恵高才」(学問,才能があること),「持戒持律」(戒律を保つこと)などが,往生の条件ではなく,貧しく,学問の機会のない「貧窮困乏」「愚鈍下智」「破戒無戒」の人が圧倒的に多いという社会の実態を見据えて,そうした人々を往生に導くために念仏の教えを説いた。 法然の説く念仏は,阿弥陀如来がすべての人々を救うという平等の慈悲を根拠としており,平等の人間観を示したものといえる。

　親鸞は,念仏の道を広げ,「悪人正機」や「如来等同」の教えを通して悪人も善人も浄土の慈悲という大慈悲心により,すべての人々が無限に救済されると説いた。

　一遍は,念仏に基づく平等の人間観を実践した。一遍は「踊り念仏」を勧め,「信不信」を選ばず,「浄不浄」を嫌うことなく,厳しい現実を前に苦しむ人々とともに全国各地を遊行していった。

4) 栄西 (明庵栄西) (1141 〜 1215 年)・道元 (1200 〜 1253 年)

　教化活動の展開から,福祉思想を明示した栄西,道元を表 3-6 に示す。

表 3-6　栄西・道元

| 栄西 | 1191 年 | 臨済禅 (臨済宗) を始める。 |
| 道元 | 1227 年 | 曹洞禅 (曹洞宗) を始める。 |

出所) 表 3-2 に同じ

　栄西は,禅の普及のために記した『興禅護国論』のなかに,「あまねく全ての人々を救わんとして,自分一人の小果を求め満足してはならない」と訳することができる記述がある。飢人救済のために,人が助けを求めれば自らの手足を切ってでも衆生が救われるなら救済するだろうという栄西の行為に福祉感がみられる。

　道元は,世間の名声や利得を嫌い,越前 (福井県) に永平寺を創建して弟子の養成にあたった。道元著の『正法眼蔵』のなかで,自分と他者との関係性についての心得として四摂法 (ししょうほう) が説かれている。四摂法とは,布施

摂事（施し分け与えること），愛語摂事（慈悲に満ちた言葉をもって語りかけること），利行摂事（他人のためになる行為），同事摂事（相手の立場に立って他者と協力すること）で，慈悲の内容を示している。他者に温かくかかわっていくという福祉実践の心得がうかがわれる。

5) 日蓮 (1222～1282年)

次に，教化活動の展開から福祉思想を明示した日蓮を表 3-7 に示す。

表3-7　日蓮

日蓮	1153年	法華宗（日蓮宗）を始める。

出所）表3-2に同じ

日蓮は，この末法の世に生きる人々を無差別に救済していくという立場をとった。そこに社会的障害や困難を強いられる福祉利用者の立場に近づき，必要な援助とは何かを追究する福祉実践者のあり方がうかがわれる。

中世社会に広まった末法思想のもとで平等思想が広がり，現実社会に働きかけて厳しい状況のなかで苦しむ人々に手を差し伸べる実践，思想が深まっている。

1.4　近世の仏教福祉

近世は，江戸幕府の創立（1603年）から明治維新による東京遷都（1869年）まで，あるいは関ヶ原の戦い（1600年）から大政奉還（1867年）に至る間を指す。江戸時代は，徳川幕府が全国を統一していた時代であった。国内は，幕府領・旗本領・藩領・寺社領などに分かれており，武士・幕藩体制によって統治されていた時代である。農民は，税金として「年貢（耕作する田畑にかかる税）」「小物成（田畑以外にかかる税）」・高掛物・夫役・国役（労働力で支払う税）」を納める必要があった。江戸時代前期には，全収穫量の4割を領主に納めて，残りの6割が手元に残るという年貢率「四公六民」が，中期には「五公五民」となり，徐々に農民の税負担は高くなっていった。しかし，江戸時代以前の豊臣秀吉の

時代は「二公一民」であり，江戸時代の農民の税負担は低くなったといえる。

　この時代，幕府の慈恵救済政策には，表 3-8 の政策があげられる。

表 3-8　幕府の慈恵救済政策

1682 年	無宿人や刑余者（刑罰を受けたことのある人）の働き場所として「石川島授産場」を設置し，免囚保護と浮浪者を収容。
1722 年	小石川薬園内に「小石川養生所」（療養施設）を開設。江戸時代を通じて約 140 年間，内科，外科，眼科を診療科として，江戸の貧しい町民に無償で医療を提供していた施設。
1787 年	松平定信の寛政の改革での農村復興や窮民救助。

出所）表 3-2 に同じ

　一方，各藩の慈恵策には表 3-9 の救済があげられる。

表 3-9　各藩の慈恵策

新庄藩	堕胎間引禁止
米沢藩	農民生活改善
会津藩	高齢者への養老米・殺児禁止・施薬
水戸藩	非人小屋設置・疾病孤独者救済
和歌山藩	貧窮者救済

出所）表 3-2 に同じ

　江戸時代の仏教の動向であるが，3 代将軍徳川家光の時代に「寺請制度（てらうけせいど）」が始まった。寺に戸籍を作らせて，寺を通じて民衆を把握するという制度である。当時は，寺の数が非常に多く，各村にいくつかの寺があるというような状況であったため，寺に民衆を任せるのが効率的であった。寺請制度では，すべての民衆を「檀家（だんか）」として寺に登録させた。登録した民衆に「宗門改（しゅうもんあらため）」という宗教調査を行い，宗旨人別帳（宗門改帳）（しゅうしにんべつちょう（しゅうもんあらためちょう））に記載した。旅行や住居の移動の際には，人別帳記載事項の証文（寺請証文）が必要とされた。このように，寺は幕府の民衆管理制度に組み込まれたものになった。つまり，すべての民衆を戸籍に登録し，各々の宗派名を記載したのである。この宗門改

は，当初は隠れキリシタンを見つけるためにも役立てられたようである。1613年には「宗門檀那請合之掟」が作成され，檀家の檀那寺に対する義務を明文化し，忌日の法要のほか，伽藍修復費や本山納付金などの経済的負担も強いられた。明治維新後は，寺請制度が廃止され強制力を失ったが，風習として根強く残り，現在も日本人の宗教観に影響を与えている。

　このような江戸時代仏教界の状況の中で，江戸時代前期の代表的社会事業家として，禅宗系の黄檗宗（おうばくしゅう）の鉄眼と了翁があげられる。江戸時代中期の代表的社会事業の事例としては，浄土宗捨世派の無能と学信をあげることができる。また，江戸時代後期の代表的社会事業の事例としては，天台律宗（天台真盛宗）の法道をあげることができる。これらの福祉活動を表3-10に示す。

　江戸時代の仏教者による福祉的活動の多くは，災害・飢饉時における窮民救助，図書館事業や病院等の公共的施設の開設など，災害救助や医療，社会教育等に関する具体的活動であった。全国的飢饉や局所的飢饉がこの時代に多く発生したことへの対応であった。

　一方で，仏教活動以外の仏教者の活動として，現代のターミナルケアの思想につながる臨終行儀がある。臨終行儀とは，人が死を迎える際に行われる儀式のことで，看取り方の心得と作法を示したものである。

第2節　近代以降の仏教ソーシャルワークの展開

　江戸時代が終わり明治時代になると，天皇を頂点とする中央集権的な国家をつくるために明治新政府によって1869（明治2）年に「版籍奉還（はんせきほうかん）」が実施された。鎌倉時代から約700年に渡って続けられた日本の封建制度は，日本の近代化を推し進める明治新政府によって消滅した。1871（明治4）年に明治新政府は「廃藩置県（はいはんちけん）」を行い，藩は「県」と改められ，土地や人民を完全に国の管理下に置いていた。

表 3-10　江戸時代の仏教者による福祉活動

江戸時代 前期	鉄眼道光 (1630 ～ 1682 年)	・関西の大飢饉に際し，寺の資産をなげうち，有力者にも呼びかけて資金を集め，粥，米，銭などの施行。 ・もし自分が施行をやめたならば餓死者が広がるとし，わが身を捨てて救済にあたるという姿勢「捨身行」の実践。 ・尽きることのない救済活動は，対象者の置かれている状況や必要とされている援助に即したものと評価。
江戸時代 前期	了翁道覚 (1630 ～ 1707 年)	・天台宗・真言宗・禅宗寺院に大蔵経を納める。 ・江戸・白金瑞聖寺に和漢書 5,000 巻余を納めて，閲覧所を開設。 ・江戸・上野寛永寺に和漢典籍 30,000 巻余を納めて，勧学院を建立し，のち研修道場・勧学寮も建立。社会教育施設・図書館事業に通じるもの。 ・「省行堂」を黄檗山に建てて病気の僧侶のために，寺院付属病院の役割を持つ施設の医療提供。 ・災害被災者の救済や死者供養に関わった。
江戸時代 中期	無能 (1683 ～ 1719 年)	・浄土宗捨世派の僧侶。 ・断食念仏を繰り返し，日に念仏を 3 万遍唱える修行を自らに課した。 ・ハンセン病のために排除された人々，売春を業とする女性たちへの念仏教化を進めた。 ・「至心に念仏すれば，往生は疑いない」と説いた。さまざまな困難をかかえる人々に対する福祉実践者の支援のあり方をみることができる。
江戸時代 中期	行誉学信 (1724 ～ 1789 年)	・浄土宗捨世派の僧侶。 ・寺を離れ隠遁生活をおくる専修念仏者であり，その活動の中には利他的救済活動が含まれる。 ・仏教者本来の教化と対象者に対する福祉的活動が並行して行われた。 ・1783 年頃に諸国が飢饉で苦しめられている時，安芸宮島で飢民に托鉢飯食（お供え物としての飯食）を施し，飢民救済に尽力した。
江戸時代 後期	法道 (1787 ～ 1839 年)	・1836 年を中心とする「天保の大飢饉」に際して，人々に施行（せぎょう）を勧めると同時に，自ら施行を実施。 ・大飢饉にあたって自己の貧しい生活を構うことなく施行をし，紀州で積極的な救済活動を展開。このことが紀州藩から表彰されたことにより，法道の活動が有効であったと理解された。

出所) 表 3-1 に同じ

2.1　明治時代初期の仏教福祉

　明治時代の初期は，江戸時代の社会階層の解体と新しい秩序の構築が急激に
進み新しい労働形態が形成されつつあった時代である。この変化についていけ
ず，社会からはじき出された貧民に対して実施された公的施策は，社会的秩序
の維持のためや近代国家としての体裁を整えるためのものであった。明治政府
は，1872（明治 5）年に東京府養育院を開設し，職を失った旧士族や貧しい人
たちを旧加賀藩邸（現・東京大学）の長屋に収容することにしたが，その理由の
一つが，ロシア皇太子の来日が決定し，「不逞之輩が排徊するのは不体裁であ
ること」であった。また，1874（明治 37）年に救貧規則として「恤救規則（じゅっ
きゅうきそく）」が施行されたが，国庫による補助の対象とするのは「無告の窮
民（むこくのきゅうみん）」，すなわち，身寄りのない貧困者とされ，救済は家族
および親族や近隣による扶養や相互扶助にて行うべきであるというものであっ
た。つまり，多くの要援助対象者が公的救済の枠外に放置されざるを得なかっ
たわけである。この時期には，地縁血縁に基づく互助システムが機能しており，
寺院が存在した。各地域には，信者組織である講社が存在し，これらが地域住
民の相互扶助の機能を果たしていた。そのため，仏教は，明治時代以降も，慈
善事業・感化救済事業・社会事業を展開せざるを得ない状況になっていた。

　明治期に行われた仏教福祉活動にはどのような活動があったのであろうか。
明治初期の仏教界が社会に仏教の存在意義を示す理由の一つとして，公共事業
的活動を含めた広義の福祉的活動をあげていたことがわかる。例えば，村井龍
治稿「明治年間年次別仏教慈善事業施設数」には慈善事業で設立された施設数
が記載されている。以下の 4 分野が中心的な慈善事業であったと考えられる。
なお，（　）内の数字は施設数を示す。

　① 貧児教育施設（91）

　② 育児施設（98）

　③ 救貧施設・団体（103）（救貧団体（88）と救貧施設（15））

　④ 免囚保護施設（72）

　その他にも，感化施設（26），救療施設（24），施薬施設・施薬団体（15），連絡・

助成・養成団体 (14)，スラム教化施設 (12)，経済保護施設 (15)，禁酒団体 (11)，幼児保育施設 (8)，看護婦養成施設 (7)，盲人教育施投 (1) 等の設立が行われた。

　また，九州帝国大学仏教青年会編『日本仏教社会事業年表』には，明治期の仏教福祉活動が示されている。当時活発に行われた活動は，救貧活動に加えて，貧困児の教育事業と更生保護事業であった。以下表 3-11，表 3-12 に主な事業活動を示す。

① 貧困児の教育事業

表 3-11　明治時代の貧困児の教育事業

| 1886（明治 19）年 | 浄土宗盛雲寺の住職久保田量壽が「同善簡易小学校」を設立。各地で寺院僧侶により貧困者対象の簡易小学校が設立され，その数は 1890 年には 80 校以上にも及んだ。 |

出所）日本仏教師会福祉学会編 (2006) 参照

② 更生保護事業

　刑務所の教誨師の多くが僧侶であったこと，キリスト教者によって欧米の感化事業が紹介された影響などにより，刑期を終えた者の免囚保護事業や非行少年のための感化院が各地で設立された。以下に施設の例を示す。

表 3-12　明治時代の仏教系の主な施設

1886（明治 19）年	千葉県仏教各宗寺院共同事業として千葉町（現千葉県）に「千葉感化院を設立。1888（明治 21）年成田山新勝寺が本院を一手に引き受ける事となる。戦災孤児，戦災浮浪児たちを収容。（現・成田学園）」
1888（明治 21）年	千輪性海・和田大円らの高僧が，岡山市小原町の光清寺内に「私立岡山感化院」を設立。当時は公的な支援はなく，恵まれない子供たちのために私費を投じ献身的に社会福祉事業に取り組んだ。（現・岡山県立成徳学校）
1889（明治 22）年	東西本願寺からの寄付と諸氏の義捐を受け，京都府監獄署小野勝彬典獄らが発起し，「京都感化保護院」を創設。刑務所を出所し帰る場所のない人を引き取り支援。（現・更生保護法人盟親）

出所）表 3-11 に同じ

2.2　日清・日露戦争以降の仏教福祉

　立憲国家となった日本は，日清戦争，日露戦争と大きな戦争を繰り返し，軍事面だけでなく，それを支援する国内体制の整備が必要とされた。国民の負担は金銭面だけではなく，兵士として出征するという大きな負担もあった。日露戦争では，国内で仏教系婦人会による出征軍人家族の慰問や扶助事業も活発化した。また，戦争孤児が多数生み出されたため，キリスト教者が設立した岡山孤児院の活動に刺激を受け，仏教徒によって児童養護施設（孤児院）が各地で設立された。表3-13に養護施設の例を示す。

表3-13　仏教徒によって設立された主な児童養護施設

1901（明治34）年	三重県白山町成願寺（天台宗真盛派）の住職 能教海が，孤児保護施設として「三重育児院」を創設。
1901（明治34）年	曹洞宗晋僧叟寺住職 嘉本俊峰師が，松江市の禅堂を借り「山陰慈育家庭学院」を開始。貧困で身寄りのない児童らに家庭的環境を与え，教導感化することを目的とした。
1901（明治34）年	真言宗僧侶有志が，女囚の子女を教育保育する「高松保育会」の事業を「讃岐保育会孤児院」と名称を改めて継承し，一般の孤児も収容した。(現・讃岐学園)
1901（明治34）年	当時佐賀県には，身寄りのない児童が入所する施設がなかったため，曹洞宗寺院有志によって「佐賀孤児院」を天祐寺内に設立。
1904（明治37）年	曹洞宗の僧侶である西尾間仲は，長浜の徳勝寺に「長浜育児院」を設立。
1906（明治39）年	浄土真宗本願寺派の「真宗南越婦人会」が，日露戦争による戦没者遺児を養育するため，「南越育児院」を設置。

出所）日本仏教社会福祉学会編（2014）参照

　この時期には，表3-14に示したような教団の事業設立も行われるようになった。

表 3-14　慈善事業財団の設立

1901（明治 34）年	浄土真宗本願寺派が「大日本仏教慈善会財団」を設立。一宗規模で取り組まれた教団慈善事業の先駆的組織。機関紙『慈善団報』を発行し，広く募財を訴えた。
1902（明治 35）年	・広島育児院，広島修養（感化）院，広島保護院を運営。
1904（明治 37）〜 1918（大正 7）年	・看護婦養成所を開設，経営。
1905（明治 38）〜 1915（大正 4）年	・軍人遺孤養育院を開設，経営。
	・教団内外の全国の施設や団体に補助金を寄付し，援助。
1903（明治 36）年	土宜法龍ら真言宗の有力者が，宗門の教化と社会の改善を目的に，「古義真言宗祖風宣揚会」を結成。
1909（明治 42）年	・京都東寺の仏教慈善病院「済世病院」を設立。

出所）表 3-13 に同じ

　日露戦争（1904（明治 37）〜 1905（明治 38）年）下の増税と物価の高騰，戦後の経済界の不況と沈滞は，一般庶民の生活を窮乏させた。日露戦争後，好景気も短期間で終わり，国民の不満も高まり，政府も対策に着手せざるを得なくなった。政府の対策は，表 3-15 の通りである。

表 3-15　明治時代の政府の対策

1908（明治 41）年	内務省主催により，民間の慈善事業を奨励育成するための「感化救済事業講習会」を 15 年間開催。第 1 回は行政側の出席者が多かったが，第 2 回では出席者 132 名の約半数が仏教関係者であった。
	・慈善事業の調査連絡機関として「中央慈善協会」を設立。

出所）表 3-13 に同じ

　しかし，日清・日露戦争で得た植民地の経営に関わる費用と欧米列強に対抗するための軍事費の増大のため，救済対策に必要な予算措置が講じられることはなく，慈善事業の推進者として，仏教・僧侶への期待が高まっていくことになった。この時期に仏教・僧侶が行った慈善事業を表 3-16 に示す。

表 3-16　仏教・僧侶の慈善事業

1909（明治42）年	感化救済事業講習会に出席した僧侶が中心となって，仏教各宗派を超えた仏教慈善事業の「仏教同志会」が組織された。
1910（明治43）年	仏教学者の渡辺海旭は，労働者福祉のための「浄土宗労働共済会」（東京）など，セツルメント活動を行う施設を起こした。 ・東京深川に無料職業紹介所「衆生恩会」を設立。 ・実費で労働者を宿泊させる簡易宿泊所を付設。 ・宿泊所には診療室，病室を付設。 ・労働者の慰安設備の設置を計画。

出所) 表 3-13 に同じ

　当時，貧困の一番の原因は疾病であり，医療救護は深刻な課題であった。1911（明治44）年，明治天皇「暗殺計画」で 24 人が死刑判決を受けた大逆事件を機に，明治天皇から施薬救療を目的とする「済生勅語」が出され，「恩賜財団済生会」が設立されたが，公的医療機関の整備は十分ではなかった。このような状況のなか，仏教の精神に基づいた精神的救済と科学的な医療技術をあわせもった救済活動が行われた。表 3-17，表 3-18 にその例を示す。

表 3-17　仏教の救済活動

1906（明治39）年	日蓮宗の僧侶綱脇龍妙は，山梨県身延山に仏教系唯一のハンセン病療養施設として「身延深敬院」を設立。
1909（明治42）年	古義真言宗祖風宣揚会の事業として，京都府の認可を受け，京都市南区教王護国寺（東寺）内に救療病院「済世病院」を開業。
1910（明治43）年	浄土真宗本願寺派の僧侶西島覚了は，慢性難治の重傷者には物質的医術だけではなく仏教による療法が必要とし，「早稲田病院」を設立。

出所) 表 3-13 に同じ

表 3-18　教団側の組織的な取り組み

1910（明治43）年	東京が大水害に見舞われた際，東京浅草寺の住職らが，大水害の罹災民のために念仏堂を開放するとともに，「浅草寺救療所」を設置して，病人や怪我人の治療にあたった。

1911（明治 44）年	真宗大谷派が派内の慈善活動振興のため大谷派慈善協会を設立。事業内容は，既存の慈善事業の調査，新規事業の調査，慈善事業の普及のための講演会の開催，機関紙『救済』の発行。
1912（明治 45）年	東京在住の社会事業に関心を持つ仏教徒の有志によって「仏教徒社会事業研究会」が組織され，『労働共済』（浄土宗労働共済会）や『救済』（大谷派慈善協会）など，調査研究の雑誌も発刊。

出所）表 3-13 に同じ

2.3　第一次世界大戦以降の仏教福祉

　1914（大正 4）年に第一次世界大戦が勃発した。この戦争により，日本は未曽有の好景気を迎えることになる。しかし，戦後の過剰な投資・生産が恐慌を引き起こし，失業者の増加，さらには労働争議や小作争議も頻発するなど，不安定な社会になった。

　このような世相の中で，仏教徒の活動は，障がい者福祉，医療福祉の領域で事業が広がりをみせた。表 3-19，表 3-20 にその活動の例を示す。

表 3-19　第一次世界大戦から戦後の仏教徒活動

1916（大正 5）年	視覚障害者のために浄土真宗本願寺派，築地別院に設置された東京盲人教育会が日本初の点字図書館として「聖恩祈念点字図書館」を開館。
	岡山（悲眼院）と大阪に仏教系の眼科治療専門の救療病院が設立。宗教的信仰と科学的医術を併用して眼疾者を治療。
1918（大正 7）年	九州大学仏教青年会は，博多承天寺内祥勝院に無料診療院を設置し，地方巡回診療，災害慰問救護活動なども実施。

出所）表 3-13 に同じ

表 3-20　多様化した事業主体

1915（大正 4）年	社会事業家の真田増丸は，「仏教済世軍」を組織し，労働者・貧困者・障がい者の側に立った救済活動を展開。 ・労働者とその家族を中心に伝道活動をして，子ども会や野外伝道を開始。 ・機関紙『仏教済世軍』を創刊。

	・各地に支部を置き，「慈善穂集め」などの活動をとおして社会事業活動を展開。 ・1923（大正12）年の関東大震災発生後に罹災者救護運動を展開。
1918（大正7）年	仏教者としての生き方を社会事業に定めた長谷川良信は，東京西巣鴨のスラムに身を投じてセツルメント活動を展開し，セツルメント活動をおこなう施設「マハヤナ学園」を創設。
1920（大正9）年	浄土宗の有志者が，大阪市釜ヶ崎に不就学児童の託児保育などを行うため「四恩学園」を創設。

出所）表3-11に同じ

　1922（大正11）年，「健康保険法」が公布された。それは同時に，我が国最初の社会保険制度の成立といえる。しかし，1923（大正12）年の関東大震災，1929（昭和4）年の世界恐慌などにより，失業者が急増し，生活困窮者が増加した。そこで，1929（昭和4）年に，従前の恤救規則に比べ，救護対象者や救護の種類を大幅に拡大するとともに，公的な救済義務を明確にした救護法を制定した。

　仏教徒の社会事業従事者が増加するなか，1914（大正3）年に仏教徒社会事業研究会主催の第1回全国仏教徒社会事業大会が東京で開催され，全国から仏教社会事業団体の代表者が集まり，表3-21のように，社会事業の充実の方策が協議された。

表3-21　全国仏教徒社会事業大会

1回目 （東京）	1914（大正3）年	仏教社会事業の中央機関設立を決議。
2回目 （東京）	1920（大正9）年	「一般的社会事業」「少年保護」「労働状態改善」「衛生保護」「免囚保護」の5部会に分かれて協議。 「全国仏教徒社会事業同盟会」の結成を可決。
3回目 （大阪）	1921（大正10）年	「大阪仏教同志会」が主催。 「社会事業に関する制度」「児童並びに婦人の保護問題」「生活問題」「労働問題」の4部会を設置。

4回目 （東京）	1922（大正11）年	「社会事業助成機関設立」「社会事業共済機関設立」「社会事業家養成機関設置」「各宗社会課設置」の4議案を討議。

出所）表 3-13 に同じ

　上記4回にわたる全国集会の開催は，社会事業の本格化の時期に，仏教社会事業の全国的な広がりをもたらす重要なきっかけとなった。しかし，社会事業大会が教団ごとに開催されるようになると，全国仏教徒社会事業大会は開催されることはなくなった。1923（大正12）年に真宗大谷派と浄土真宗本願寺派が，1924（大正13）年には浄土宗が個別に社会事業大会を開いている。

　教団ごとに助成研究機関を設立する動きも広がり，宗務所に社会事業を専門に担当する部局として社会課（部）を設置する宗派が増えた。

表 3-22　社会事業を設置した主な宗派

1923（大正12）年	浄土宗	「浄土宗社会事業規則」「教区社会事業規程」などを制定し，各教区に社会事業協会を設立。
1927（昭和2）年	曹洞宗	財団法人大本山総持寺社会事業部を設立。

出所）表 3-13 に同じ

　1921（大正10）年に真宗大谷派と浄土宗，1922（大正11）年に浄土真宗本願寺派と曹洞宗，1926（大正15）年に日蓮宗に社会課（部）が設置された。また，東大寺，築地別院・浅草別院，浅草寺，増上寺，護国寺，知恩院などの本山・別院にも設置された。

　この時期には，生活に困窮する高齢者も増加し，各地で多数の施設が設立された。表 3-23 に仏教社会事業で設立された施設の例を示す。

表 3-23　第一次世界大戦後，仏教社会事業で設立された施設

高齢者福祉施設	1925（大正14）年	札幌の新善光寺（浄土宗）の林玄松住職が発願し，檀信徒の協力を得て浄財を募り，「札幌養老院」（現・慈啓会老人ホーム）を開院。

失明者救護	1922（大正9）年	真宗大谷派の僧侶・和田祐意によって視覚障害者救済のために「仏眼協会」を創設。1927（昭和2）年には，中途視覚障害者の救済を目的に，三療（鍼灸・あんま・マッサージ）講習会が開始。
児童福祉	1918（大正7）年	長野県上田市呈蓮寺（浄土宗）の横内浄音住職は，浄仏国土（社会環境の浄化）と成就衆生（人格形成）を目指す児童福祉事業を行う団体「上田明照会」を結成。
	1919（大正8）年	市内浄念寺の子安観音縁日に，児童無料健康相談所を開設。
	1925（大正14）年	児童歯科と妊産婦の相談事業を開始。 浄念寺境内に遊具・運動器具を設置。
	1926（昭和元）年	託児所「甘露園」（現・甘露保育園）を開設。
	1929（昭和4）年	乳幼児を抱え就業できない女性の支援事業に着手し，授産所を併設。
	1935（昭和10）年	母子寮「見誓寮」を開設。
セツルメント	1920（大正9）年	大阪市の浄土真宗本願寺派光徳寺の佐伯祐正住職は，自坊を開放してセツルメント施設「光徳寺善隣館」を開設。
	1929（昭和4）年	イギリス流のセツルメント事業を修得して，「大阪セツルメント教会」を設立。1945年大阪空襲により全焼。
医療救護	1922（大正10）年	三重県上野市山渓寺の宇佐玄雄住職は，臨済宗東福寺派の社会事業として神経症の治療施設「三聖病院」を開院。近代医学と大乗仏教の精神に基づき，心と体の両面を治療。
少年保護	1925（大正14）年	千葉刑務所の教誨師を務めていた千葉県多古町福泉寺（曹洞宗）の竹内道拙住職が中心となって，全国で初めての少年保護団体「星華学校」を設立。 学校では，生徒らの自治を重んじ，個性を助成する養育方針が採られ，大きな成果を上げた。 戦後，進駐軍が私設の施設を廃止するよう指令し，1947（昭和22）年に国家に買い上げられ，少年院「千葉星華学院」に改められた。

出所）表3-11に同じ

　日本経済はその後も不況が続き，さらに，1930（昭和5）年には豊作であるにもかかわらず作物価格の下落などで農家収入が大幅に減少し，1931（昭和6）

年には東北地方・北海道地方の大凶作により，農村経済は壊滅的な打撃を受けた。国民の不満を背景に軍部が台頭し，1931（昭和 6）年には満州事変が勃発し，日本は戦時体制へと向かう。

　このような情勢下で，仏教各派は保育事業の整備に力を入れることになった。出征した男性の代わりとして女性労働力を確保することと，次代の兵士の育成がその狙いであった。各宗派が各地の寺院に保育園・託児所・農繁期託児所の設置を推進した。このころ社会事業は，厚生事業と名が改められ，1938（昭和 13）年には厚生省が設置された。

　戦時体制下で，国家が仏教に期待したことは，施設事業だけでなく，反政府運動の広がりの抑止と善導のための教化活動であった。こうして仏教は戦時体制に組み込まれていくことになった。

第 3 節　第二次世界大戦後の仏教ソーシャルワークの展開

　我が国は第二次世界大戦での敗戦後，政治・経済などのすべての分野で改革を進めることになった。1945 年，GHQ（連合国軍総司令部）は，戦前の軍国主義的な社会体制を解体し，治安維持法など国民の人権を侵害する法律を廃止することを日本政府に指示した。廃止の指示を受けた法律には，治安維持法のほかに，思想犯や予防拘禁，軍機保護に関するものが該当した。

　こうした GHQ による自由を抑圧する制度の廃止に関わる指令は「人権指令」とよばれた。戦前の社会事業も GHQ の指導のもと民主的なものへと再編され，従来の天皇制国家主義に追随した仏教社会事業も大きく方針が変わっていくことになった。

　1947（昭和 22）年に施行された「日本国憲法」は，国民の生存権と社会福祉に対する国家責任（第 25 条）を明記し，社会福祉は国民の権利であり，社会福祉の増進と向上は国家責任であるとした画期的なものであった。また公私分離の原則（第 89 条）を規定した。これにより，戦前は，国家の統制下にあった民間の社会福祉を国家の統制から切り離した。

　このような背景のもとで，民間団体としての仏教社会福祉も職後の社会にお

いて再出発することになった。戦後日本の仏教社会福祉を次の4期に分けて，
社会福祉全体の状況とあわせて概観する。

　　・第1期　1945 ～ 1963（昭和 20 ～ 38）年 ：終戦直後の混乱・復興期
　　・第2期　1964 ～ 1972（昭和 39 ～ 47）年 ：高度経済成長期
　　・第3期　1973 ～ 1984（昭和 48 ～ 59）年 ：オイルショックと低経済成長期
　　・第4期　1985（昭和 60）年～現在 ：バブル経済の進行とバブル崩壊期

　なお，1期から第4期の分け方は，『考察　仏教福祉』（清水海隆）に準拠して
いる。

3.1　第1期 (1945 ～ 1963 （昭和 20 ～ 38) 年) ：終戦直後の混乱・復興期

　終戦直後は戦災被災者・孤児や外地からの引揚者などへの緊急的な救済活動
が大都市を中心に行われた。仏教各宗派の主な活動を表 3-24 に示した。

表 3-24　敗戦後に行われた仏教各宗派の緊急救済活動

浄土宗	・戦災復興の協議 ・知恩院社会課は神戸方面で救済活動
真宗本願寺派	・東京で戦災浮浪者約 500 名を収容保護
浄土真宗本願寺派	・京都で欠食児童を対象とした施食活動を実施

出所）表 3-13 に同じ

　救済活動に尽力した主な施設を表 3-25 に示す。

表 3-25　救済活動に尽力した主な施設の例

	施設	状況
1941 （昭和 16）年	京都仏教護国団経営の同和園 （前身・1921（大正 10）年創設の京都養老院）	戦中に財団法人同和園となったが，この頃，以下のような悲惨な状況であった。 ・食料不足のために新たな入所者の受け入れをすべて断らなければならなかった。 ・配給された食料の 6 割が腐敗し使用不可能だった。

1946 （昭和21）年	四天王寺悲田院	・満州引揚者350世帯800名のうち，母子179名を新たに収容。 ・同寺の病院を拡充し，困窮者に無料治療を実施。

出所）表3-13に同じ

　この時期には，緊急救済活動を展開しながら，戦後の新たな時代のなかでの仏教社会福祉の動向が芽生えた。これらの動向は，長谷川匡俊編『戦後仏教社会福祉事業史年表』の1946（昭和21）年から1948（昭和23）年の欄に詳細に記されており，仏教社会福祉の組織化の動向をみることができる。

　東西冷戦という時代背景から，日本は再軍備の傾向が見えはじめ，それにともない，1954（昭和29）年に社会保障関係諸費の削減が検討されたが，国民の反対にあい，予算復活がなされた。

　1955（昭和30）年の池田政権による所得倍増計画の推進により，高度経済成長期となり，教育問題，高齢化問題，核家族化問題，公害問題などさまざまな問題が発生した。これらに対応するため，政府も社会福祉の法律を「福祉三法体制」から「福祉六法体制」へと移行した（表3-26）。

表3-26　政府の社会福祉の法律の移行

福祉三法体制	生活保護法		⇒	福祉六法体制	生活保護法
	児童福祉法				児童福祉法
	身体障害者福祉法				身体障害者福祉法
					＋
					知的障害者福祉法
					老人福祉法
					母子及び寡婦福祉法

出所）筆者作成

　「福祉三法体制」から「福祉六法体制」への移行は，福祉各法による施設の誕生を促した。

　この時期には，四天王寺が四天王寺悲田院児童寮や養老施設四天王寺松風荘

を開設して広範囲な事業を展開したように、寺院による社会福祉事業の発展を
もたらした。また、表 3-27 に示すように仏教教団としての社会福祉事業の組
織化が精力的に進んだ。

表 3-27　仏教教団としての社会福祉事業

1950 （昭和 25）年	日本仏教 保育協会	・隔年ごとに全国仏教保育大会を開催。 ・各寺院が経営する仏教保育の発展に寄与。 ・仏教保育の普及に努めた。
1954 （昭和 29）年	全国仏教社会 福祉連盟	特定の宗派のみの教理や実践にとらわれずに学び、活動する通仏教の全国組織が誕生。
1957 （昭和 32）年	浄土宗大本山 増上寺	宗門の社会事業大会が開催。

出所）表 3-13 に同じ

　また、この時期は、仏教系大学における社会福祉教育も着手され、表 3-28
に示すように、新たな社会福祉系の大学も設置され、仏教社会福祉の研究も
進展した。

表 3-28　新たな社会福祉系の大学

戦前から	仏教系大学（東洋大学、大正大学、立正大学、龍谷大学など）とキリスト教系大学が先駆的な役割を担ってきた。
1952（昭和 27）年	日蓮宗の学校法人法音寺学園の中部社会事業短期大学（1957 年、日本福祉大学に改称・改組）が誕生。
1958（昭和 33）年	曹洞宗関係の東北福祉短期大学（1965 年、東北福祉大学に改称・改組）が誕生。
1961（昭和 36）年	浄土宗系の学校法人大乗淑徳学園が淑徳短期大学として誕生。
1966（昭和 41）年	日本仏教社会福祉学会が設立。毎年研究大会を開催。 ・『日本仏教社会福祉学会年報』を毎年発刊。

出所）表 3-13 に同じ

　1959（昭和 34）年 9 月に発生した台風 15 号（伊勢湾台風）が紀伊半島に上陸し、
直径 700 キロに及ぶ地域を暴風雨に巻き込みながら本州を縦断、名古屋市南
部を中心に 5,000 人を越す死者・行方不明者を出すという甚大な被害をもたら

した。この災害にあたり，仏教各宗門では，対策本部を設置し，義援金の募集や救援活動を行い，災害救援事業に貢献した。なお，この台風が教訓となり災害対策についてまとめた災害対策基本法が1961年9月に公布された。

3.2 第2期 (1964〜1972 (昭和39〜47) 年)：高度経済成長期

このころは急速に経済が成長した時代である。1964（昭和39）年には，東海道新幹線が開通し，東京オリンピックが開催された。日本は急激な経済発展を遂げた。戦後すぐに生まれた「団塊の世代」が経済成長を支える主な担い手であった。所得倍増の進展につれて国民の所得額に格差が生じるようになった。高度成長は効率重視・競争社会を生み出したが，それに伴って高齢者や障がい者をはじめとする国民の弱い部分の問題が顕著となった。

仏教社会福祉事業も多様化し，地方の過疎化・都心部の過密化，大気汚染・水質汚染等の公害問題，交通事故の急増などによる社会福祉問題の多発化にともない，保育・児童・障がい者・高齢者の分野で活動を展開し，社会のニーズに対応するようになった。表3-29はその例である。

表3-29　第2期における仏教界での主な教化活動

浄土宗	1966 （昭和41）年	「おてつぎ 運動」	人々と社会の真の意味での平和を実現するためにも，より多くの仲間で輪をつくり，人から人へと法然の教えを伝えようとする運動。
日蓮宗	1966 （昭和41）年	「護法運動」	「法主国従」の宗祖の教えに背いて戦争協力の道を歩んだ仏教教団としての針路に対する反省と，核兵器を廃絶し核時代の人類を救おうとする仏教界独歩の運動。
天台宗	1969 （昭和44）年	「一隅を照らす運動」	信仰と実践によって一人ひとりが心豊かな人間になり，平和で明るい世の中を共に築いていこうという社会啓発運動。

出所）表3-2に同じ

3.3 第3期 (1973〜1984 (昭和48〜59) 年)：オイルショックと低経済成長期

1973（昭和48）年の晩秋，日本全国のスーパー店頭からトイレットペーパー

や洗剤が消えた。第1次オイルショック（石油危機）の影響である。石油供給
が途絶えれば，日本は物不足になるのではという不安感が人々を生活必需品の
買いだめに走らせ，一方で値上がりを見込んだ売り惜しみや便乗値上げなどを
する小売店も現れた。原油の値上がりはガソリンなどの石油関連製品の値上げ
に直結し，物価はまたたく間に上昇。急激なインフレは経済活動にブレーキを
かけ，1974年度の日本経済は戦後初めてマイナス成長となり，高度経済成長
期はここに終わりを告げた。その後，1980（昭和55）年に始まったイラン・イ
ラク戦争の影響が重なり，国際原油価格は3年間でおよそ2.7倍にも跳ね上がっ
た。これが第2次オイルショックである。物価上昇が起こり，経済成長率も減
速し，失業増大，財政危機といった状況を迎えることとなった。この時期の特
徴的な仏教界の社会福祉への取り組み例を表3-30に示す。

表3-30　第3期における仏教界の社会福祉動向

1978 （昭和53）年	「浄土真宗本願寺派社会福祉推進協議会」を創設し，幅広い福祉活動の強化に取り組んだ。「1寺院1福祉活動推進」を掲げ，新たな福祉ニーズに対応しようとした。寺院が地域社会福祉活動の拠点となり，仏教福祉推進の中核的存在としての役割を担い，「みんなの福祉を集める運動」「ビハーラ活動」などの実践を遂行するところに特徴がある。
1979～1980年 （昭和54～ 55）年	・曹洞宗は宗務庁に難民対策室を設置。カンボジアややインドシナなど東南アジアの難民に対する救援活動を開始。 ・曹洞宗救済会議（JSRC）が発足。積極的に東南アジアの難民救済に取り組んでいる。（1981年に曹洞宗ボランティア会（SVA）に改組）
1981年 （昭和53）年	真言宗や曹洞宗などで知的障害者のための施設が設立。

出所）表3-13に同じ

3.4　第4期（1985（昭和60）年～現在）：バブル経済の進行とバブル崩壊期

　1980年代の後半から約15年の間，日本はバブル期とよばれる好景気時代を
迎え，好景気に支えられた日本企業が国外の不動産を買いあさるというような
現象も起きた。

　バブル期は社会的には「過労死」や「障害者」を生み，やがてバブルの崩壊
によって失業が深刻な問題となった。また，大都市圏への一極集中による過
疎・過密化が進み，家族形態が大家族から核家族へと移行していった。この時
期，国民の福祉ニーズは，高齢化と「不安社会の到来」により，福祉と保健医
療との連携や終末ケアなどを求めるようになった。「安らかな老後と終末」の
要求は，仏教福祉においても新たな活動として，「仏教ホスピス」や「ビハーラ」
を誕生させた。ホスピスは元来キリスト教によって先駆的に取り組まれている
が，日本では 1980 年代キリスト教系の病院が初めてホスピスを実施し，患者
の苦痛緩和における宗教者の支援活動が注目されるようになった。仏教界でも
1984（昭和 59）年に，「京都仏教青年会」が京都市内の病院に法話会，患者の
悩み事相談などの活動を始めた。「ビハーラ」とは，「仏教ホスピス」という表
現に替わる「仏教を背景としたターミナルケア施設の呼称」として，1985（昭
和 60）年に田宮仁氏（現・淑徳大学大学院総合福祉研究科教授）が提唱したものあ
る。ビハーラという言葉は，古代インドにおいて仏教経典などに使われたサン
スクリット語で，「僧院または寺院」「身心の安らぎ・くつろぎ」「休養の場所」
などを意味している。この時期のビハーラ活動の例を表 3-31 に示す。

表 3-31　第 4 期における主なビハーラ活動

1986（昭和 61）年	浄土真宗本願寺派はビハーラ実践活動研究会を結成し，病院訪問活動や在宅サービスを中心としたケアワークを勧めた。
1987（昭和 62）年	各宗派共同の「仏教ホスピスの会」（東京）が活動開始。
1993（平成 5）年	佛教大学が仏教看護（ビハーラ）コースを開講。
2001（平成 13）年	日蓮宗が「日蓮宗ビハーラネットワーク」を設立。ビハーラ活動とは，医療や福祉や地域社会との連携のもとに，寺院・自宅・病院・施設などにおいて，病気や障がい，高齢化に悩む人たちと苦しみを共にし，安心が得られるよう支援する活動のこと。

出所）表 3-2 に同じ

　上記以外にも，組織的なビハーラ活動がいくつかの宗派・教団において展
開されるようになった。そのビハーラ活動の例を表 3-32 に示す。

表3-32　宗派・教団における主なビハーラ活動

1990（平成2）年	「ビハーラ花の里病院」(広島) が開院 (医療法人微風会)。医療法人微風会は平成6年に，浄土真宗本願寺派住職 和泉 慧雲 が創設。からだのケアとこころのケアや高齢者に対して仏教による安らぎを与える医療をめざしている。
1992（平成4）年	「長岡西病院ビハーラ病棟」(新潟) (医療法人崇徳会) が開設。日本で初めて仏教の知恵を活用した緩和ケア病棟。「心安らかに最後まで自分らしく生きられるように」との思いを実現するために，専従医師や看護師，介護福祉士，ビハーラ僧といったスタッフを配置。
1997（平成9）年	浄土真宗本願寺派瑞松寺 (大阪市) の野村康治住職は，デイサービス「ビハーラこのみ園」(大阪) (社会福祉法人至心会) を開設。(詳しくは，以下に記す)

出所）表3-11に同じ

　上表3-32中の野村住職は，当時全国に2カ所のみであった「淀川キリスト教病院」のホスピスケアに刺激を受け，20代の頃からビハーラ活動を学んだ。1995（平成7）年の阪神大震災での支援活動を通じて，地域の高齢者福祉と災害支援の拠点づくりが急務であると痛感し，1997（平成9）年に「このみ園」を開所した。また，2004（平成16）年には，施設不足が社会的課題であるとして特別養護老人ホーム「ビハーラ」を開設した。2012（平成24）年からは，東淀川区中部包括支援センターも委託されている。これらの施設では，お寺のネットワークを活かして地域の「声」を聴き，常に地域と協働しつつ"お年寄りの気持ちにできるかぎり寄り添い，いのちを尊ぶ"をモットーに活動している（『季刊せいてん』126「お寺はいま」より）。

　ターミナルケアにおける人間の精神面の重要性が見直され，ビハーラ施設は，終末看護と看死において仏教者 (ビハーラ僧) と医師，看護職，ソーシャルワーカーなどのチームワークに注目したことに仏教社会福祉的特徴があるといえる。

　1990（平成2）年の福祉八法改正，1992（平成4）年の社会福祉事業法改正などが行われた時期は，社会福祉制度の改革期でもある。この改革の一つに人材

育成があり，1987（昭和62）年に「社会福祉士及び介護福祉士法」が制定され，福祉専門職の育成が提示された。その一方で，ボランティア活動やNPO法人（特定非営利活動法人），企業の社会的貢献も重視された。1995（平成7）年に発生した阪神淡路大震災では，それ以前の災害救済とは異なり，ボランティアの活躍が注目されるようになった。

第4節　東日本大震災以降の仏教ソーシャルワークの役割

　21世紀に入り，2011（平成23）年3月11日に東日本大震災が発生した。震源は三陸沖の宮城県牡鹿半島の東南東130km付近で，深さ約24km，マグニチュードは9.0という大きな地震で，その後の津波によって，東北地方沿岸部を中心として大規模な被害をもたらした。死者19,759人，行方不明者2,553人，負傷者6,242人という明治時代以降では1923（大正12）年の関東大震災（死者・行方不明者：約10万5,000人），1896（明治29）年の明治三陸地震（同：約2万2,000人）に次ぐ極めて深刻な被害をもたらした。

　また，3月16日には，東京電力福島第一原子力発電所の放射能漏れ事故の問題が発生し，我が国がこれまで経験したことがない放射能汚染被害を与えた。この震災に際して，被害の少なかった被災地域の寺院では，門戸を開き大勢の避難民を受け入れた。さらに，全国各地の仏教青年会や教育問題・自死問題・貧困問題などにたずさわっていた僧侶や仏教関係団体は，災害救援や難民支援の支援活動を行った。

　そうした活動を行った団体の一例に，「社会慈業委員会　ひとさじの会（浄土宗）」がある。「ひとさじの会」は，東日本大震災発災以降，宮城県（石巻市・女川市・気仙沼市）・岩手県（大船渡市・陸前高田市・大槌町）・福島県（いわき市・福島市飯野町）等の避難所や仮設住宅における炊き出し，子ども会等を継続的に行っている。

　被災地域において，仏教ソーシャルワークの主な役割として，以下に「ボランティア」と「こころのケア」を取り上げる。

4.1　ボランティア

　「ボランティア元年」とよばれた阪神淡路大震災以降，大規模震災が発生した際には，全国からボランティアが参集し，震災後およそ1年が経過した2012年時点で，岩手県・宮城県・福島県の東北3県に104カ所（全国196ヵ所）の災害ボランティアセンターが設置された。社会福祉協議会を中核とした災害ボランティアセンターの運営，ボランティア・コーディネーションは，必要不可欠な確立されたシステムとなり，被害者ニーズと支援をつなぐソーシャルワークとして認知されるようになった。

　何度か大きな災害を経験したのち，どこかで災害が起きたときは，すぐに駆けつける体制が整い，同時に仏教者においても，公益性や社会貢献に対する意識，ボランティアやNPO活動に対する理解が高まった。特に，「宗教者災害支援連絡会」という宗教者によるネットワークが組織化され，宗教を越えて情報共有し，連携していこうという気運が生まれたのも画期的なことである。また，仏教NGOネットワーク（BNN）に加盟する仏教系NGOや僧侶たちが，それぞれの活動の様子を共有し，そこから得た教訓を今後の智恵として伝承しようとしている。

4.2　こころのケア

　「こころのケア」は，1993（平成5）年7月に発生した北海道南西沖地震における藤森立男らの活動に端を発し，阪神淡路大震災以降，人命が失われるような災害，事故，事件が発生した際には，「こころのケア」の必要性が強調されるようになった。

　上智大学の島薗進教授は，『悲しむ力の寺族と「人間の復興」—東日本大震災と仏教の働き』のなかで，「原発被災地に限らず，東日本大震災からの5年，宗教の力が再認識される機会が増した。1995（平成7）年の阪神・淡路大震災では精神科医や臨床心理士に期待が寄せられたが，この度は宗教・宗派を超えた宗教者の寄り添い支援の可能性に関心が集まった。これは震災直後に仙台で設立された『心の相談室』の役割が大きい。仏教・キリスト教・神道・新宗教

の枠を超えて，被災者の心の痛みや悲しみに寄り添おうというものだ。」と述べている。

　東日本大震災の被災者支援の観点からも，ビハーラ活動の主要な要素であるグリーフワーク，グリーフケアの重要性が指摘されており，大震災被災者への長期的な支援活動は，大きな課題であり責務であるとしている。ビハーラ活動は，今後ますます必要不可欠のものとなる。

　宗教関係者が東日本大震災の支援に大きな役割を果たしてきたことから，東北大学，上智大学，龍谷大学などいくつかの大学で新たに「臨床宗教師」を養成する講座や教育プログラムが導入された。「臨床宗教師」は，布教や伝道，営利目的ではなく，被災地や医療機関，福祉施設などの公共空間において「心のケア」を提供する宗教者のことである。「臨床宗教師」という言葉は，欧米のチャプレンに対応する日本語として考えられた。臨床宗教師となるためには，従来の宗教者としての活動とは異なり，ケアの受け手が主体となるケアのあり方を学ぶ必要がある。高度な倫理に支えられ，相手の価値観を尊重しつつ，宗教者としての経験をいかして，苦悩や悲嘆を抱える方々に寄り添い，自死念慮や自死遺族のケア，路上生活者や貧困者の支援，引きこもりや孤立者の支援などの活動を行う。2018（平成30）年3月には，一般社団法人日本臨床宗教師会による「認定臨床宗教師」の資格制度がスタートした。

　また，日蓮宗の立正福祉会は，「被災地における子どもの心のケアについて」を基本テーマに研修講座を開催した。相談員研修テキスト『相談活動の基礎と実践』の概要も説明し，基調講演には「トラウマ災害者支援のための心得」と題し講演が行われた。

　NPO法人京都自死・自殺相談センターは，週末深夜の「電話相談」を中心に，大切な人を亡くされたご遺族への支援として「分かち合いの会」を開くなどの活動を行っている。東日本大震災では多くの人が故郷を離れて日本各地に移住されており，移住している先への支援，こころのケアというのは忘れられがちなため，電話相談のフリーダイヤルを開設して，活動を行っている。

4.3　災害救援の際に，仏教者や寺院が果たす役割

　災害救援の際には，全国の宗派を問わず仏教者がボランティアとして関わり，大きな力を発揮している。仏教者や寺院が果たしている役割には以下のようなものがある。

(1) 義援金，救援物資の協力

　　募金・義援金・寄付等に関わる活動は，震災直後から，寺院・協会，ボランティア団体，個人，チャリティー等さまざまなレベルで多くの支援活動が行われた。

(2) NGO，NPO との連携

　　一例として，下記の活動があった。

　　・シャンティ国際ボランティア（SVA）は，曹洞宗青年会も関わって，炊き出し部隊として活躍し，岩手の移動図書館活動を行った。

　　・雇い止めにあうなど諸事情で仮設住宅を出ざるを得なくなった「震災ホームレス」が宮城県仙台市などで増加した。こういった人を支援しようと，社会教化事業協会は国際医療 NGO に協力して支援物資を現地に送った。

(3) 宗教者としての自発的活動

　　・被災地では，遺体の扱いは各自治体で火葬できる能力を超えたため，自治体は「仮埋葬」という手段を決定したが，国レベル，自治体レベルで火葬を引き受けるよう各地の火葬場に指示してもらいたかったという遺族からの要望があった。

　　・遺体安置所での読経は，快く受け入れられた場合もあったが，自治体や施設によっても対応は異なり，断られた場合もあった。遺体安置所が難しいなら，亡くなられた現場で花とお線香を手向け，読経しようと活動した僧侶もいた。

(4) 寺院空間の開放

　　数多くの寺院が，被災された檀信徒や地元の人々のために，本堂や庫裏を避難所として開放した。

(5) 防災寺子屋の開催

　　津波で小学校の子どもたちが犠牲になったいたましい例の教訓から，地域
　　の大人たちが連携して子どもたちの安全と安心を守るための活動が，地域
　　に根ざした寺院で企画された。

(6) イベントの開催

　　被災地だけでなく，被災地以外の寺院でも，被災地支援のための「チャリ
　　ティー寄席」「チャリティーコンサート」としてイベントを行うことで，
　　少しでも被災者の励ましとなる。また，地域に開かれた寺として，地域の
　　生活の中心となる可能性も示された。

第5節　おわりに

　仏教福祉，仏教ソーシャルワークという，これらの概念については，未だ定
まった見解がないのが現状である。そのため，ここでは広い意味に捉えて，仏
教の観点から実践される福祉活動を仏教福祉，仏教ソーシャルワークと規定し
て，仏教伝来から近代まで仏教活動における福祉的な活動をたどった。

　仏教の伝来以来，仏教の教えに基づいたさまざまな活動がなされてきたこと
は，各節で述べた通りであり，その源流は聖徳太子にある。聖徳太子は，国を
治めるための基本的な理念として仏教を取り入れ，制度や基本政策にも仏教の
教えを反映し，「十七条の憲法」を制定した。これ以降，仏教は政治との関係
を保ちながら展開していった。

　江戸時代，三代将軍家光の時代に「寺請制度」が制定され，すべての民衆を
檀家として寺に登録させた。いわば，戸籍の管理を寺がするという制度である。
このように寺は幕府の民衆管理制度に組み込まれたものになった。この制度が
あったため，寺と地域住民の密接な関係が保たれ，寺は地域の中心的な役割を
担っていった。明治政府によって寺請制度は廃止されたが，現在も日本人の仏
教観に寺請制度のなごりが影響しているといえる。

　戦後の高度成長とともに，大家族が減り核家族が増え，さらに近年の未婚率
の増加や出生率の低下により，少子高齢化が進んだ。少子高齢化の進行，過疎

化による限界集落の問題など人口あるいは世帯に関わるさまざまな問題が山積
している中で，檀家離れ，無縁仏などの問題が起きている。かつては，どの地
域にも寺と檀家の関わり（寺檀制度）があったが，地域の衰退とともにその関
係が希薄になりつつあり，仏教はその存在感が失われてきた。つまり，社会構
造の変容とは無縁ではない。

　死者と行方不明者の合計が約2万6,000人という大きな被害をもたらした
2011（平成23）年3月11日に起きた東日本大震災では，被災地において多く
の仏教者・寺院が支援や復興活動に尽力したことで，改めて「仏教」が注目さ
れるようになった。また，寺院や僧侶が行った埋葬や死者供養が，震災で家族
を失った人たちの心のやすらぎをもたらした。東日本大震災後の一時避難所と
しての寺院の開放や物資の提供等にはじまるさまざまな活動は，地域を支える
社会資源の役割を果たしていたといえる。さらに，震災後，仏教者が医療や福
祉関係者と協働で行った活動が，「こころのケア」という支援であった。我が
国は東日本大震災の事態に見舞われたが，「つながり」の重要性を改めて認識
するとともに，人々に寄り添い，生きる希望と安心をもたらすことが宗教の役
割であることを再認識することとなった。人々をつなぐ寺院や僧侶の役割とし
て，今後起こりうる可能性のある災害のみならずあらゆる分野で，ソーシャル
ワークに関わる仏教者への専門的な教育や研修が必要となり，仏教ソーシャル
ワークの重要性が期待される。

　文化庁の宗教統計調査『宗教年鑑』によると，我が国の2019（令和元）年末
の宗教の信者数は神道系が約8,900万人，仏教が約8,500万人，キリスト教が
約190万人，その他が約740万人ある。また，2022（令和4）年度の総務省
e-Statによると，寺院数は約7万7,000団体であり，これは，現在，コンビニ
エンスストアの店舗数が約5万7,000店であることを考えれば，寺院数の方が
圧倒的に多いことがわかる。つまり，寺院のある地域において，「地域の社会
資源」の1つとして果たせる役割があるとも考えられる。これからの日本の寺
院は，社会構造の変化を見据えた上で，地域を見守り支える役割を担うため，
社会活動を通じて改めて地域のさまざまな立場の人々と「つながる」こと，「協

働」という姿勢を持つことが重要といえるのではないだろうか。

【参考文献】

池田英俊・芹川博通・長谷川匡俊編(1999)『日本仏教福祉概論―近代仏教を中心に―』
　雄山閣出版

清水海隆(2003)『考察　仏教福祉』大東出版社

吉田久一(2004)『新・日本社会事業の歴史』勁草書房

日本仏教師会福祉学会編(2006)『仏教社会福祉辞典』法蔵館

長谷川匡俊編(2007)『戦後仏教社会福祉事業史年表』法蔵館

日本仏教社会福祉学会編(2014)『仏教社会福祉入門』法蔵館

文化庁編(2020)『宗教年鑑　令和 2 年版』文化庁

第4章　ホームレス支援と仏教者
―ひとさじの会の活動とその理念―

髙瀬　顕功

第1節　はじめに―ホームレスをめぐる支援の状況

　東京都23区内の路上生活者の数は1999年に5,798人を数えると2004年までは5,500人ほどで推移していたが，2005年には4,263人，2006年には3,670人と漸次減少し，2022年8月の調査では400人ほどになった[1]。

　ホームレス人口の減少は，行政の施策が一定の役割を果たしてという評価もある。例えば，2002年8月に施行されたホームレスの自立の支援等に関する特別措置法[2]（通称：ホームレス自立支援法）は，ホームレス問題における行政の責任をあきらかにし，自治体の積極的な介入を促した。

　また，東京都では，ホームレス自立支援法に先駆け，2000年からは区内に緊急一時保護センター，自立支援センターの開設を行った。また，2004年からは福祉団体を通じて借り上げ住宅などを路上生活者に提供し，生活再建を促す地域生活移行支援事業も行われた。

　しかし，こうしたホームレスの社会復帰を助ける道が整備されてきた一方で，行政の支援政策の流れに乗れないホームレスの存在も少なからずいる。

　森川すいめいら（2011）は，池袋の路上生活者を対象に行った調査で，彼らが一般人口に比して大きな割合でうつ病，精神病性障害などの精神疾患を有していることを指摘している。こうした障害を抱えた人たちが，申請主義の日本の福祉制度のなかで，自力で窓口にたどりつけるかは疑問である。

　公的支援にたどり着けない―いわば路上に取り残された―ホームレスのセーフティネットとなっているのが，民間のNPO団体や慈善活動を行うFBO（Faith-based Organizations）である。そして，FBOのうちでもとくにキリスト教系団体がこれまで積極的な支援活動を展開してきた。

　例えば，渡辺によれば，ドヤ街として有名な山谷地域では，その活動団体の

「出自」に注目すると労働組合系，キリスト教系，医療系の団体に大別される
が，労働組合系が２団体，医療系が３団体であるのに対し，キリスト教系はプ
ロテスタント系が３団体，カトリック系が６団体，両者による共同運営が２団
体ある。そして，これらのうちほとんどが炊き出し活動を行っており，このほ
か韓国系プロテスタント教会と台湾系仏教団体の慈済会も炊き出しを行ってい
るという（渡辺，2010：256-258）。

　また，1980年代末に山谷でフィールドワークを行ったファウラーは，神道，
仏教関係の支援活動が皆無であるのに対し，キリスト教関係の支援団体が積極
的に活動を行っていることを以下のようにいう（Fowler, 1996=1998：308）。

　　　山谷を含めて東京全体に点在する地元神社や寺など資力がある施設は所有
　　　地の駐車場や幼稚園からの金儲けに忙しく，路上生活者にまで気が回らな
　　　い。夜間だけ教会やシナゴーグを短期（そんなに短期でないこともある）宿
　　　泊所に転用する，米国では根づいている伝統も日本ではまったく見られな
　　　い。この「神と仏の地」で宗教関係のボランティア団体はほとんど100パー
　　　セントがキリスト教関係（カトリックとプロテスタント共に）で神道と仏教
　　　でないことは記載に値する。

　キリスト教系団体が積極的に活動を行う背景のひとつに「布教」という目
的がある。すなわち，支援と引き換えに信者獲得を目指すのである。大阪西
成区の釜ヶ崎をフィールドに調査を行った白波瀬によれば，ホームレス支援
を行うキリスト教団体には，労働運動と結びついて行政への働きかけを行う
「運動型キリスト教」と，物質的充足より霊的な救済を何よりも重視し，熱心
に布教活動を行う「伝道型キリスト教」に分けられるという（白波瀬，2007a）。
そして，「伝道型キリスト教」は，とりわけ韓国系プロテスタント教会にみら
れるという。韓国系プロテスタント教会は，韓国人ニューカマーだけでなく，
日本人信徒の獲得を目標にしていることが多い。そして，路上生活者は，周
縁的な存在であるが「日本人」であることに変わりない重要な布教対象とし

て把握されるため，積極的な実践が行われるという（白波瀬，2007b）。

　また，「運動型」でもなく「伝道型」でもないが，信仰の実践という理由から支援活動が行われるケースもある。例えば，山谷地域で生活保護受給者，路上生活者のための食堂を経営する牧師，菊池讓は，「私達の働きは匿名の愛だと理解している。やりっぱなしの愛だ」という（菊池讓，1998）。このように，たとえ宗教的な理由が背景にあったとしても，それが他者に向けられた布教の場としての路上生活者支援と，自己に向けられた信仰の実践の場としての路上生活者支援があることがあきらかになっている。

　個人的取り組みであれ，教会単位であれ，あるいは教会から組織化されたものであれ，路上生活者支援活動はキリスト教系FBOに多くみられてきた。しかし，近年では僧侶が主体となって行う路上生活者支援活動もみられるようになってきた。

　以前から僧侶自身がNPO団体の炊き出し等に参加するといった個人レベルでの活動はあったが，最近では，住職が主体となって寺院を支援の場として活用したり，僧侶が支援のための組織を立ち上げたりと，一定の規模と継続性をもって路上生活者の支援を行っていることが報告されている（磯村，2011；髙瀬，2010；2012）。

　そこで，本章では僧侶によるホームレス支援における先駆的存在である「ひとさじの会」を取り上げ，その活動や理念を紹介する。

　なお，筆者は，浄土宗の僧籍を有し，かつ，当該団体には設立期から深く関わってきた。執筆にあたって客観的な記述を心がけたつもりであるが，当事者の視点が含まれている可能性があることをあらかじめ断っておく。

第2節　ひとさじの会の活動概要

　ひとさじの会は，正式には社会慈業委員会といい，2009年，複数の浄土宗青年僧侶によって立ち上げられた。活動の拠点となっているのは浄土宗寺院で，日雇い労働者の町として知られる山谷地域の一角に位置する[3]。ドヤと呼

ばれる簡易宿泊施設が多数あり，路上生活者支援団体の施設も多く存在する。

　主な活動として，(1) 葬送支援活動，(2) 生活支援活動 (炊き出し及び夜回り)，(3) 食糧支援推進活動という3つがあげられる[4]。(1) や (3) は，僧侶や寺院檀信徒がその担い手の中心であるのに対し，(2) は僧侶だけでなく，学生，社会人，NPO関係者など多様な参加者を集めた活動となっている。以下にそれぞれの内容を紹介する。

2.1　葬送支援活動

　葬送支援とは，亡くなった路上生活者の葬儀を行ったり，他の支援NPO団体の主催する夏祭りでの物故者法要での読経，説法などを行ったりすることである。この活動はひとさじの会が正式に発足する前，2004年ごろから大正大学大学院の浄土学研究室に縁のある若手僧侶たちによって行われてきた。

　彼らは葬送支援を行うなかで路上生活者から「死後」の相談を受けることになる。これは，身寄りのない路上生活者が死後入る墓のないことを不安に思い，悩みを打ち明けたことにはじまる。

　ひとさじの会の発起人の一人で，現在事務局長の吉水岳彦師は「俺たちは生きててもホームレスだけど，死んだ後もホームレスなんだ」「誰だってなりたくてホームレスになったわけじゃない。でも今は死んだ時に仲間たちと一緒のとこへ行けるって思えたら，残りの人生をもっとしっかり生きられると思う」という元路上生活者の言葉に動かされ，2008年，当事者である路上生活者や支援NPO団体スタッフと葬送支援プロジェクト「自分のエンディングを考える会」を発足させ，同年秋，活動拠点となる寺院に，ホームレス支援NPO3団体の合同墓「結の墓」が建立した。

　しかし，葬送支援は少数の僧侶によるボラン

写真 4-1　合同墓「結の墓」
撮影) 新美勝

タリーな活動によって支えられていたので，場合によっては依頼にこたえられない場合もあった。そこで，葬送支援の対応の体制を整えるため，ひとさじの会は組織された。

　葬送支援は，いわば僧侶が伝統的にかかわってきた専門領域ともいえる。したがって，自らの専門性を活かしたかかわりとして理解できよう。しかし，ここから，さらに専門外といえる (2) 生活支援活動，(3) 食糧支援推進活動が展開されていくこととなる。

2.2　生活支援活動

　これは，炊き出しおよび夜回り活動を通じ，ホームレス一人ひとりに，食事や医薬品，生活用品などを渡しながら，必要に応じて生活相談を行うものである。

　支援者が非支援者を個別に訪ねるアウトリーチ型の支援活動で，毎月第1，第3月曜日の夜，山谷，浅草，上野地域で行われる。アウトリーチの際には，300g 程度の大きなおにぎり，飴などの菓子類が手渡され，必要に応じて下着類などの生活用品も配布する。

　その際には，支援物資を渡すだけでなく，体調や生活に関する声かけも行われる。そこでは，行政窓口の案内，生活保護申請のサポートを行う NPO 団体

写真 4-2　アウトリーチの様子

撮影）新美勝

の紹介や他 NPO 団体の運営する無料クリニックの紹介などが行われる[5]。ただし，具体的な支援への取り次ぎよりも，話をしたいという被支援者もおり，長時間にわたって座り込み，話を聞くことも少なくない。

　生活支援活動において，活動主体が僧侶団体であることは明示するが，あわせて布教や説教を行うことはない。一方，当該支援活動の準備は，浄土宗寺院内で行われることもあり，アウトリーチ前に 15 分程度の法要を本堂で行う。法要の内容は，念仏の唱和，浄土宗の開祖である法然の言葉の読誦，さらには，路上で亡くなった物故者の供養も行われる。

　ボランティアの中には，他宗派，他宗教，さらには宗教的背景を持たない参加者もいるが，ここで行われるのは浄土宗教義に基づく宗教的実践であり，浄土宗僧侶の主催する活動であることが明確に意識される。ただし，法要への参加は各人の自由意志であり，信仰の違う者へ対しての強制的な参加要請はない。

　これが立ち上げ当初からの活動内容であるが，2020 年に COVID-19 のパンデミックが起こると，これまでの方法とは違う形で，炊き出し，アウトリーチが行われるようになった。

　まずは，おにぎりの調理を止め，市販の弁当を購入し配布することにした。これは，ボランティアの参加人数を減らすことと，滞在時間を減らすことで，ボランティア内での感染リスクをおさえるためである。ボランティアのなかには遠方より公共交通機関を乗り継いで参加する人も少なくない，そこで，ボランティアの受け入れを一時中止し，ひとさじの会の理事等中心メンバーのみでアウトリーチを行うこととした。

　これは同時に路上で暮らすホームレスの方々を守ることにもつながる。彼らの生活環境では，十分な医療を受けられるとは限らず，感染自体が命の危険に直結しかねない。路上で暮らす人々の命を第一に考えた場合，支援者がホームレスに感染させてしまうことも避けなければならない。また，支援者が感染し活動が止まってしまうことは避けなければならない。だからこその対応策であった。

　しかし，こうした配布食料の変更，ボランティアの受け入れ中止以外の対応として，これまで月 2 回であったアウトリーチを，2020 年の 3 月から 6 月までは，毎週行うようになった。これは，この時期，ほかの NPO 団体などの炊き出しが軒並み中止となったからである。

　炊き出しは，多数が集まり，間近で会話をする「密集」「密接」が生じる場であり，これが室内であれば「密閉」という条件もそろう。この「密集」「密接」「密閉」の「三密」は，クラスターを発生させやすいものとして，政府からも頻繁に注意喚起が促されていた。多くの支援団体の炊き出しは，一カ所に集まり，ともに食事をするというスタイルであったため形式の変更を余儀なくされた。また，パンデミック当初は情報も不足していたことから，その危険性に対する過度な見積もりもあり，当面の間，支援活動を止める団体もあった。

　そうしたことから，ひとさじの会では活動頻度を増やし，ホームレスの方に食事を届けることを第一に考えて活動を継続したのである。

　なお，2023 年 8 月現在は，ボランティアの受け入れは再開させたものの，まだおにぎりではなく，弁当を配布している。

2.3　食糧支援推進活動

　これは，寺院に寄付された米などの食糧をフードバンクや福祉施設に寄付することを推進する活動である。寺院と地域社会とをつなぐ方策の一つとして，NPO を通じた地域社会への支援活動を促進するため，ひとさじの会は，宗派寺院に対し食糧支援活動を呼びかけ，また関係諸団体との窓口となった。

　この結果，滋賀県甲賀地区の浄土宗青年会では，同地域の寺院 1 ヵ寺あたり浄米 1 升の喜捨を目標にし「甲賀米一升運動」と銘打った運動が起こった。2010 年 1 月 10 日から同月 25 日までの期間に約 400kg の米が集まり，うち300kg はフードバンク関西へ，100kg がひとさじの会へ寄付された。さらに翌2011 年には滋賀教区へと呼びかけの対象地域を広げ「近江米一升運動」となり，約 2.5t の米の寄付を集めた。また，同様の運動が東北地区でも起こり（「東北米一升運動」），2010 年 12 月から 2011 年 1 月の間に，およそ 1t の米を集めた。

現在では，各地の浄土宗青年会が運動の中心となり，大分，佐賀など九州地域でも活動が展開し，大規模災害時の食糧支援活動としても成果を上げている。

　これらは，寺檀間ネットワークにより米を集め，寺院間ネットワークを通じ集約，寄付されるという，いわば寺院の持つ社会関係資本を生かした活動ということができる。

　また，COVID-19のパンデミック後，日本に取り残された外国人，とりわけ在日ベトナム人への食糧支援のために，寄付の呼びかけが行われ，2020年9月から2021年3月までの間に620万円を超える寄付を集め，埼玉や愛知，兵庫にある在日ベトナム仏教寺院へ合計30トンの精米を送った。

　なぜ在日ベトナム人の支援を行ったのか。これには，在日ベトナム仏教信者会とひとさじの会のこれまでの関係性がある。

　ベトナム人の尼僧で，大恩寺住職の釈心智（ティック・タムチー）師は大正大学で仏教を学び，ひとさじの会の僧侶とも旧知の仲であった。大学卒業後，在日ベトナム仏教信者会の中心的存在として布教活動を行っていたが，吉水師と再会したことで，ひとさじの会の活動を知り，何か手伝えることはないかと活動に参加するようになった。

　在日ベトナム人寺院は，留学生，技能実習生として渡日した若いベトナム人

写真 4-3　トラックで大恩寺（埼玉）に届けられたお米
写真提供）在日ベトナム仏教信者会

が多く集まる場でもあり、彼ら自身の交流の場ともなっていたことから、多くの若い在日ベトナム人がひとさじの会に参加するようになり、ベトナム風揚げ春巻きを作って一緒にアウトリーチに回るようになった。

2020 年 3 月末、COVID-19 感染防止の観点からベトナムへの帰国が禁止され、日本からベトナムへ向かう飛行機が運航を休止すると、多くのベトナム人が帰国できなくなる事態が生じる。とくに、留学生や技能実習生は在留の期間が決められているため、期間を終了すると在留資格も失うことになる。帰国の見通しが立たない中で、困窮し、食や住まいを失う人も出てきていた。

こうした困窮する在日ベトナム人たちの食糧支援や大使館と連携した帰国支援、住まいのない者の保護など、多岐にわたる支援を行っていたのが、在日ベトナム仏教信者会であった。そこで、ひとさじの会では、「在日ベトナム人への緊急施米支縁プロジェクト」と銘打って、食糧支援を実施するに至ったのである。

第 3 節　ひとさじの会の活動理念

現在、さまざまな立場のボランティアが参加しているとはいえ、浄土宗僧侶は依然として運営の主体であり、活動内でも宗教的実践が行われている。そこで、まず活動の背景にある浄土宗の教義とはいかなるものかを示し、それぞれの活動がどのような教義的理解の下行われているのかを紹介する。

3.1　浄土宗の教義と実践

浄土宗は、1175 年、法然房源空 (1133-1212)（以下、法然）によって開かれた宗派である。その歴史的展開の詳細にはここでは立ち入らないが、現在の浄土宗は、法然の高弟のうち、とくに九州地方で活躍した弁長 (1162-1238) の鎮西流を中心とする伝統仏教教団宗で、こんにち、京都・知恩院を総本山とし、全国に約 7,000 ヵ寺の寺院を抱える

その教義は、阿弥陀仏の本願である念仏行を修することで、極楽浄土へ生まれることを目指すものである。自力の覚りではなく、他力の救いを求める背景

には当時の末法思想の影響があった。すなわち，この世は濁世であるという現世観，そして，機根の劣る衆生（凡夫）には自力での覚りを得ることは難しいという人間観がなければならない。すなわち，穢れた姿婆世界を厭い離れたいと思う（厭離穢土）からこそ，清浄なる極楽国への往生を心から願う（欣求浄土）という姿勢に結び付く。

　法然の経歴をたどれば，はじめ比叡山西塔北谷の源光に学び，後に東塔の皇円の下で得度し，授戒の後，黒谷別所の叡空に師事していることから，天台宗の僧侶として地歩を固めていたことに疑いはない。しかし，善導大師の『観無量寿経疏』に多大な影響を受け，専修念仏の教えを基盤とした浄土宗を新たに打ち立てることとなる。また，法然は『無量寿経』『観無量寿経』『阿弥陀経』を所依の経典と定め，これらを浄土三部経と名づけた。

　この法然の思想を最も体系的に表したのが『選択本願念仏集』であり，この中には，自力で覚りを開けない凡夫が救われるには，他の行を交えずひたすら念仏を称えること，念仏を称えるときは三心（至誠心，深心，回向発願心）を備えるべきことなどが説かれている[6]。この三つの心は安心（あんじん）ともいい，このなかでもとりわけ深心が重要視されている。

　さて，浄土宗の宗教的実践は称名念仏の一行に尽きる。もともと，法然以前にも念仏行は行われていたが，そこでは仏の姿を念じ三昧の境地に至って仏の姿を見る念仏三昧や，仏の様相や浄土の荘厳を心に思い浮かべる観想念仏が主流であった。しかし，これらは行じる際に静謐な環境や行者自身の高い資質を要する。そこで，法然は念じるとは称えること（念声是一）と『選択本願念仏集』の中で示した。声に出すことは簡単な行（易行）であるが，特別な環境や能力を必要としない。したがって，より多くの人が実践することができる。さらに，この行は阿弥陀仏や釈迦，諸仏によって選ばれ，仏の他力による救いが約束されているがゆえ，以前の念仏行より勝れているというわけである。すなわち，今でいう，機会の平等，結果の平等がともに内包されている実践といえる。

3.2　ひとさじの会の活動に対する教義的理解

　ひとさじの会の活動を振り返ってみると，葬送支援活動は，宗教者としての専門性を生かした関わりとはいえ，教義的な親和性もある。

　法然が浄土三部経のひとつに定めた『阿弥陀経』には，極楽往生した者はともに会うことができる（倶会一処）と説かれている[7]。元ホームレスの「死んだ時に仲間たちと一緒のとこへ行けるって思えたら，残りの人生をもっとしっかり生きられると思う」という語りは，経典に説かれた思想に合致するものであり，この一説が，合同墓「結の墓」建立を大きく後押ししたことは想像に難くない。

　同様に，食糧支援推進活動についても「念仏の易行性」に結びつけて解釈することが可能である。すなわち，法然の説いた念仏行は「誰でもできる」「いつでもできる」「どこでもできる」という点において実践しやすく，広く民衆に支持された。葬送支援や生活支援活動は，参加に際し距離的な制約や時間的な制約があるのに対し，食糧支援活動は居住の地域に限らず，貧困問題への参加が可能となる。したがって，負担なく参加できるようなかかわり方を用意することで，多くの人の参加を促そうとしたのである。

　このことは，吉水師の以下の語りからもあきらかである。

　　　誰でもが簡単にできることがある，念仏の易行性の尊さやその視点の価値を現代の活動に生かしたかったというのもあります。何か特別な人が優れた能力でもって，すごいことをやるのではなくて，小さなことだけれども，みんなできるっていうように。だからいろんな人にかかわってもらいたいんですね[8]。

　このように，葬送支援と食糧支援推進活動については宗教的教義との親和性がみられる。一方，生活支援活動については直接的に接合を見出すことは難しい。では，NPO活動と変わらないボランティアを僧侶が行う意義はどこにあるのだろうか。キリスト教系のホームレス支援にみられる「伝道型」や

「運動型」とも異なる。もしかりに，生活支援活動を「信仰の実践」として位置づけるならば，それはどのような根拠によるものだろうか。

3.3　信仰と実践の両立

　浄土宗義を厳密に捉えるならば，極楽往生のための行は念仏の一行だけであり，その他の善行は雑行として考えられている。いわば，宗教的価値として目指すべきは，極楽往生を遂げることであり，そのために念仏行が推奨されるのである。したがって，たとえ社会に資する活動であっても，それは極楽往生の要件とはならない。法然の著作『選択本願念仏集』にも，念仏行以外の諸々の善行は雑行とされ，捨てるべきものとしてはっきりと示されている。

　この教義を前にし，活動に参加する僧侶は社会活動をいかに捉えているのだろうか。

　かつて，筆者が活動に参加する僧侶にインタビューを行ったところ，「学びの場」として活動を捉える語りが多数みられた（髙瀬，2016）。

　ここでいう学びの場とは，宗教者としての理想の追求の場，原点回帰の場，あるいは信仰の深化の場として捉えられる。象徴的な語りを以下にいくつか紹介する（下線はすべて筆者）。

　　お坊さんとしての理想っていうのを努めていきたいという思いがあるわけですよね。そうしたら，利他行という面でこれは適っていると思うんです。

　　　　　　　　　　　　　　　　　　　　　　　　　（20代，男性僧侶）[9]

　　やっぱり僧侶であるわけだからさ。そういういろいろ困った人に手を差し伸べてたり，話を聞いたりっていうのはものすごく重要なことだなと。でも行くたびにいろんな人と出会うし，いろんなものを見るわけだから。そういうことが毎回あるわけでしょ。そうするとやっぱり自分自身の原点に戻るっていうか。自分をもう一回とらえなおす機会っていうか。そういうことを常々していないとだめだなと。

　　　　　　　　　　　　　　　　　　　　　　　　　（40代，男性僧侶）[10]

全部救うことなんてとてもできない。できないからこそ，何かさせてもらうことにどんな意味があるのか。自分たちがいかに至らないか，いかに小さいか，いかにつまらないかもわかる。そういうことを学ばせてもらったのが路上の方たちとの接触だったと思う。そこが本当にモチベーションだったりするのかな。そういう意味では，僕は［社会活動を］していったほうがお念仏するんじゃないかと思った。　　　　　　（30代，男性僧侶）[11]

　浄土宗教義には，三心（至誠心，深心，回向発願心）を備えた念仏の実践が説かれるが，この三心のうち特に深心が重視される。深心とは，自らの機根が無力であることを深く信じ（信機），また阿弥陀仏の本願によって救われることを深く信じることである（信法）。つまり，自力で覚りを得ることができないという自分自身の至らなさを深く信じることで，阿弥陀仏の本願力による救済を頼みにする姿勢につながるというわけである。

　これを踏まえて，最後の語りに注目すれば，ホームレス支援を通じて感じる無力感や不全感が自身の機根のなさを再確認させるがゆえに，念仏の実践により身を寄せるようになったと解釈できる。

　実は，法然の遺した言葉のなかには，念仏者は念仏しやすい環境を整えよという教えもある。浄土宗の教義では，ひとたび決定往生心（往生が定まっていると確信すること）が確立した後は，あらゆる善行も念仏相続を助ける行いとして位置づけられる。これを「異類の助業」という。

　先の僧侶の語りは，社会活動への関与が念仏の実践をより励ますものとなるという語りは，社会活動の「異類の助業」化を意味する。いいかえれば，社会活動は信仰に基づいた実践として行われるのではなく，社会活動を通じて現実社会を目の当たりにすることで，宗教者としての信仰を確立させていくという逆説的な構造になっている。

　このようにして，自分たちの実践を理解し，教義との整合性を図っているのである。

第4節　おわりに―僧侶がホームレス支援を行う意味

　本章では，僧侶によるホームレス支援の一例として，ひとさじの会をとりあげ，その活動内容と活動の根拠となる教義的理解を紹介した。

　活動開始にあたっては僧侶としての専門性が大きく関係していること，そこから日常の苦に向き合うための活動が展開されたことを示した。また，コロナ禍にあっては，活動の継続に重点を置き，以前とは形を変えながらも，ホームレスに食事を届ける活動を行った。さらに，情報や物資が届きづらく，より苦しい状態に立たされやすい在日外国人（とくに在日ベトナム人）の食糧支援も展開した。

　こうしたことは，ひとさじの会の機動性や対応力を示している。活動を開始してから10年以上経っているが，支援の受け手を第一に思い続けているからこそ，変えるべきところは変え，続けるべきことは続けるという判断が柔軟になされたといってよいだろう。

　活動理念についても，浄土宗教義に説かれる宗教的世界との接合や宗教的実践との類似性によって意味づけがなされていく一方，社会活動を通じて現実社会の苦と向き合い，宗教者としての信仰を確立させていくという逆説的な構造があることが示された。

　いずれにしても，僧侶として自らの活動をどう位置づけるか。宗教的な下支えがあるからこそ，バーンアウトせず，活動が継続できているとも考えられる。

　とりわけ，活動を振り返る中で，教義を援用し，信仰を深めていくというメカニズムは極めて興味深いが，逆に言えば，信仰の道に入る前に，現実社会の苦に直面する機会がないともいえる。

　これは現代の僧侶養成の問題にもつながる。日本仏教は，明治時代に妻帯が許されるようになると，多くの僧侶が家庭を持つようになった。以来，多くの寺院は世襲によって護持継承されてきたという背景がある。つまり，現代の多くの僧侶は，寺の中で生まれ，寺の中で育っているため，宗教的回心（仏教でいう発心）とは無関係に僧侶になっているものも少なくない。

　近年，崩壊しつつあるとはいえ檀家制度に保障された寺院運営は比較的安定

している。特に都市部であれば何不自由ない暮らしを送ることができるため，僧侶になる前に，現実社会の苦に直面し，自分の無力さや至らなさに気づき，信仰に救いを求める機会はそう多くない。

　ひとさじの会での経験は，説かれている教義の重要性を肌で感じ，身体的に理解することができる機会ともなっているだろう。

　忘れてはならないのは，ひとさじの会の活動は，僧侶以外の多くの一般ボランティアによって支えられていることである。僧侶が中心となりながらも，その活動に共感して参加する人が増えてることは，人々が僧侶にこうした姿を求めていることの表れといえよう。

　ホームレス状態にある人たちを支援することも重要であるが，世俗化によって仏教離れが進んだとされる現代社会において，こうした社会活動を通じて，人々の中に慈悲の心と実践が芽生えるような機会を提供することも，ひとさじの会の重要な役割ではなかろうか。

付記
　本章は，拙稿「社会活動における宗教的価値の相反と克服－浄土宗僧侶によるホームレス支援を事例として―」（『死生学年報 2018』2018 年）をもとに，コロナ禍以降の状況を踏まえて大幅に加筆修正を加えたものである。

注
1)　日本における「ホームレス」の定義は，「都市公園，河川，道路，駅舎その他の施設を故なく起居の場所とし，日常生活を営んでいる者」である。ここには，安定した住居とは呼べない，簡易宿泊所，インターネットカフェ，自家用車を起居の場所とする人や友人宅に居候している人などは含まれない。
2)　路上生活者の自立支援および路上生活となることを防止するための支援などに関する施策を定めた法律。国や自治体がその自立支援，防止支援の責務を負うことを明記している一方で（第1条），公園などの公共施設の適正使用の確保のために必要な措置をとることも可能としている（第11条）。
3)　「山谷（さんや）」という地名は現在，正式には残っていない。現在の町丁名では，台東区清川，日本堤，東浅草付近にあたる。
4)　ひとさじの会では支援活動を「支縁活動」と表記することがしばしばある。これは，直接的なかかわりを通じて，出会う人の既存のご縁（コミュニティ）を支え，

必要なご縁(求められる支援)に結び，いつの日かともに支えるご縁(共生社会)となるべく活動を位置づけているためである(吉水 2016)。しかし，本章では，活動を客観的に記述するため，より一般的な「支援」を用いる。

5)　無料クリニックは，台東区清川に所在する路上生活者支援団体 NPO 法人山友会が運営している。月曜から土曜まで，曜日ごとに内科，外科，精神科，皮膚科，整形外科などの診療を無料で行っている。また針灸や整体などの施術も受けられる。

6)　至誠心とは，極楽に往生を願う者が必ず備えるべき裏表のない真実心のことである。深心とは，自らの機根が無力であることを深く信じ，また阿弥陀仏の本願によって救われることを深く信じることである。そして，回向発願心とは，自身が修めた善根，功徳を振り向け浄土に往生しようと願う心である。

7)　『阿弥陀経』には「舎利弗衆生聞者應當發願願生彼國所以者何得與如是諸上善人俱會一處」(『浄土宗全書』第 1 巻，p.53)とあり，これを訳せば極楽浄土に往生を遂げた者が菩薩と会うことを意味するが，法然の『阿弥陀経釈』によれば，広く往生人同士の浄土での再会を意味する。

8)　2010 年 3 月 17 日，吉水岳彦師へのインタビュー調査より。

9)　2011 年 6 月 13 日，20 代，男性僧侶へのインタビュー調査より。

10)　2011 年 7 月 1 日，40 代，男性僧侶へのインタビュー調査より。

11)　2011 年 7 月 21 日，30 代，男性僧侶へのインタビュー調査より。

参考文献

磯村健太郎(2011)『ルポ仏教，貧困・自殺に挑む』岩波書店

菊池譲(1998)「シンポジウム 山谷伝道記録」『基督教論集』41: 138-142.

白波瀬達也(2007a)「釜ヶ崎におけるホームレス伝道の社会学的考察—もうひとつの野宿者支援—」『宗教と社会』13: 25-49.

白波瀬達也(2007b)「韓国系プロテスタント教会の野宿者支援—東京中央教会を事例に—」『関西学院大学社会学部紀要』103: 143-153.

髙瀬顕功(2010)「路上生活者支援を行う仏教者—ひとさじの会の活動から」『国際宗教研究所ニュースレター』66: 4-10.

髙瀬顕功(2012)「ひとさじの会の活動—その意味と可能性—」『仏教福祉』14: 2(107)–14(95).

髙瀬顕功(2016)「ホームレス支援と宗教者：信仰は社会活動の支えとなるか」『宗教研究』89(Suppl): 346-348.

Fowler, Edward. B.(1996). *San'Ya Blues: Laboring Life in Contemporary Tokyo.* Ithaca, NY: Cornell University Press.（=1998. エドワード・ファウラー著，川島めぐみ訳『山谷ブルース—〈寄せ場〉の文化人類学—』洋泉社.）

森川すいめい・上原里程・奥田浩二・清水裕子・中村好一(2011)「東京都の一地区における
　ホームレスの精神疾患有病率」『日本公衆衛生雑誌』58(5): 331-339.
渡辺芳(2010)『自立の呪縛─ホームレス支援の社会学』新泉社

第 5 章　東日本大震災における日本仏教の果たした
役割に関する記録
　―関連する「4 つの調査」結果からの一考察―

藤森　雄介

第 1 節　序

　2011 年 3 月 11 日の東日本大震災が世界の災害史の中でも未曾有の被害をもたらしたことは，多くの人々の記憶に残っていると思う。しかしその支援活動の中で，日本仏教の果たした役割が少なからず見られたことは，国内外に必ずしも伝わっていないのではないだろうか。筆者は，以下でも触れるように縁あって「東日本大震災における仏教の果たした役割」に関連する「4 つの調査」を行ってその報告書を世に送り出すことができた。

　振り返れば，東日本大震災から 10 年余が経過した。諺にも「十年ひと昔」という。

　手探りでまとめた各報告書ではあるが，大震災発災後 10 年余を経て，冷静に「記録」として読み直した時，これからも起こり得るであろう「大災害」に際して，国や制度，文化や習慣を超えて活かせる課題や教訓があるのではないかと考え，「4 つの調査」のうちの幾つかの調査結果を踏まえつつ，一考察を試みたものである。

第 2 節　災害と福祉と仏教

　古来，人類の歴史という永い視点でわれわれの来し方を顧みた時，所謂「災害」が無かった，あるいは克服しきれた期間はない。また行く末を考えてみても，「災害」の起こらない未来は，残念ながら考えられない。そのようななかで，先人たちが「災害」に向き合い，また乗り切っていく方法が，ある意味では社会福祉の出発点だったとも考えられる。

　例えば，東アジア地域における象徴的な事例として，紀元前 54 年，漢の時

代に制度化されたとされる「常平倉」はまさに災害に備えた応急的食料政策であるが，所謂「穀物の備蓄とその価格調節」の考え方は，紀元前 8 世紀ごろの春秋時代にすでに論じられていた[1]。

　また，「災害」の発生と不可分に生じる困窮者の救済に当たったのは洋の東西を問わず「宗教」であり，アジアにおいては，仏教がその多くを担っている。

　先と同様に東アジア地域の事例であるが，東晋の孝武帝時代の司州西寺の令宗尼，宋初江南で活躍した僧詮，隋の延興寺で「菩薩」と尊崇された曇延等，救済事業実践で日本にも伝わる中国の僧侶は数多い[2]。

　また，日本においても社会福祉事業の先駆は，仏教思想のもとに施設を設立した聖徳太子であると伝えられている[3]。

　日本において近代における大規模な災害としては，1923 年 9 月 1 日の関東大震災をあげる事ができるが，そこでも仏教者や宗派教団の記録が残されている。

　例えば，「今回の大震災に就きて，仏教徒が相当に活躍したことは誰とて認めざるを得まい。救護慰問も追弔も可成周到に行われ，災除必要な各種社会事業も小規模ながら，各宗ともに着々其計画を見るに至った」という宗内機関誌の記録や[4]，「名古屋慈友会が全部の動員を行ひ第一班より第五班まで上京慰問救恤などに勉めたると，地方に在りて被服の募集，避難宿泊，職業紹介，復興協賛などに努力せる頗る顕著なものがある」という，仏教系団体の記録を見ることができる[5]。

　また，現代日本における東日本大震災以前の大災害としては，1995 年 1 月 17 日に発生した阪神・淡路大震災が思い起こされるが，その際も仏教や宗教に関わる人々や関係団体の活動は行われ，その一部は，例えば，1995 年 10 月 18 日に開催された国際宗教研究所主催シンポジウム「阪神大震災が宗教者に投げかけたもの」[6]や，日蓮宗兵庫県東部宗務所がまとめた刊行物[7]として，記録化されている。

　これらは当時の仏教者の動向や担った役割を知る上で大変貴重なものであるが，基本的には発行組織の内部に向けて整理されたものであり，残念ながらよ

り外部に向けた分析や仏教全体を俯瞰するような視点でまとめられているわけではなかったのである。

第 3 節　「4 つの調査」の経緯と概要

　2011 年 3 月 11 日に発生した東日本大震災に際して，日本仏教の支援活動に関する調査の必要性を明確に示したのは，日本仏教社会福祉学会（以下，本学会とする）であった。本学会は，「仏教社会事業のあり方と仏教社会福祉の本質的性格，ならびに仏教的実践の行動規範などに関する学術的研究を啓発，普及することを目的」として，1966 年に設立された学術団体だが[8]，2011 年 4 月 23 日の理事・役員会において，まず被災地の記録をまとめていくこと，また，本学会ならではの仏教的視点を持った支援のあり方，寺院を拠点とした活動のあり方について検討していくことを目的として，「東日本大震災対応プロジェクト委員会」を設置した。そして委員会としての具体的な活動内容を検討する中で，宗派教団や寺院，仏教者がどういった支援活動を行ったのかを改めて確認し記録化する必要性を痛感し，その調査対象を把握している全日本仏教会（詳細は後述する。また以下，全日仏とする）に協力を要請して快諾を頂くことができた。

　まずこの 2 団体の協働調査として，全日仏に加盟している宗派教団に対して，「A 東日本大震災における日本仏教各宗派教団の取り組みに関するアンケート調査」を 2012 年 1 月に実施した。続いて，「さまざまな災害に寺院はどう備えるのか」といった点に関心をもっていた仏教系民間団体の仏教 NGO ネットワーク（BNN）も調査に加わり[9]，3 団体の協働調査として「B 被災地寺院の教訓を今後の寺院防災に活かすアンケート調査」を 2012 年 7 月に，「C 東日本大震災における 仏教系各種団体の震災支援に関するアンケート調査」2012 年 10 月に，それぞれ実施した。

　その上で，「支援を受けた側」からの評価や今後の課題や可能性を明らかにする必要性を感じたため，淑徳大学アジア国際社会福祉研究所アジア仏教社会福祉学術交流センターの事業として「D 東日本大震災を契機とした，地域社

会・社会福祉協議会と宗教施設（仏教寺院・神社等）との連携に関するアンケート調査」を2014年11月より実施することとなったのである。

「4つの調査」の概要は，以下の通りである[10]。

A　東日本大震災における日本仏教各宗派教団の取り組みに関するアンケート調査（以下，「宗派教団調査」と略す）
　　●調査対象：2011年3月時点で，全日仏に参加している宗派教団59団体
　　●調査方法：自記式の調査票を用いた郵送調査
　　●実施スケジュール：2012年1月，調査票発送

B　被災地寺院の教訓を今後の寺院防災に活かすアンケート調査（以下，「被災地寺院調査」と略す）
　　●調査対象：2011年度に全日仏が行った，第一次緊急支援の対象となった93寺院
　　●調査方法：自記式の調査票を用いた郵送調査
　　●実施スケジュール：2012年7月，調査票発送

C　東日本大震災における 仏教系各種団体の震災支援に関するアンケート調査（以下，「直接支援団体調査」と略す）
　　●調査対象：2012年10月時点で，全日仏が行った，第一次緊急支援の対象となった196団中161団体（曹洞宗系36団体については全国曹洞宗青年会を窓口として調査を依頼）
　　●調査方法：自記式の調査票を用いた郵送調査
　　●実施スケジュール：2012年10月，調査票発送

D　東日本大震災を契機とした，地域社会・社会福祉協議会と宗教施設（仏教寺院・神社等）との連携に関するアンケート調査（以下，「社協調査」と略す）
　　　　●調査対象：2014年11月時点で，東日本大震災で被災地となった岩手県，

宮城県，福島県の46市町村社会福祉協議会及び後方支援を実施した市町村社会福祉協議会を対象

●調査方法：事前に調査票を郵送し，回答してもらい，指定した期日に調査者が訪問（インタビュー）しつつ，調査票を回収した郵送回収調査法

●実施スケジュール：2014年11月より，順次調査票発送

※回収調査の為，調査の終了までには実質3ヵ年程度を要した。

また，「4つの調査」の回答状況は以下の通りである。

表5-1 「4つ調査」の回答状況

調査名称	調査対象	実施時期	回答数／依頼数	回答率
A 日本仏教各宗派教団の取り組みに関するアンケート調査	全日仏に参加している宗派教団	2012年1月	42／59	71.19%
B 被災地寺院の教訓を今後の寺院防災に活かすアンケート調査	2011年度に全日仏が行った，第一次緊急支援の対象となった93寺院	2012年7月	34／93	36.56%
C 東日本大震災における 仏教系各種団体の震災支援に関するアンケート調査	全日仏が行った，第一次緊急支援の対象となった196団 中 161団体	2012年10月	65／161	40.37%
D 東日本大震災を契機とした，地域社会・社会福祉協議会と宗教施設（仏教寺院・神社等）との連携に関するアンケート調査」	東日本大震災で被災地となった岩手県，宮城県，福島県の46市町村社会福祉協議会及び後方支援を実施した市町村社会福祉協議会	2014年11月～2018年3月	46／46	100%

出所）筆者作成

第4節　調査結果から窺える幾つかの特徴

続いて，「4つの調査」から，特徴的な傾向を示していると考えられる集計結果を，幾つか紹介する。

4.1 「A. 宗派教団調査」

「宗派教団調査」結果からは，募金活動に関する質問項目から，特徴的な傾

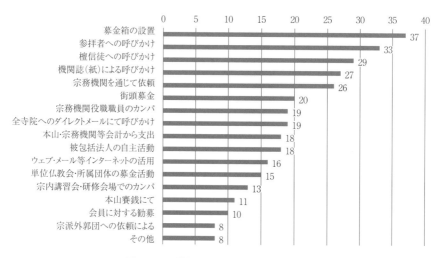

図 5-1 具体的な募金方法 (複数回答)

出所)「A.宗派教団調査報告書」より筆者作成

向を捉えることができた。

　具体的には，回答した宗派教団の 41 体中 40 団体が募金活動を実施しており（1 団体は無回答），その募金総額は 5,588,413,889 円であったが，これは，全日本仏教会の調査記録に残る阪神・淡路大震災の際の募金総額，4,312,153,047 円を，10 億円以上上回る額である[11]。阪神・淡路大震災当時と現在の社会経済状況を一概に比較することはできないが，当時に比べて少子高齢化が進み，兼務や廃寺が増加して全国の寺院総数も減少傾向にある中でこの金額が集められたことは，一定の評価があたえられる数値であるといえよう。

　また，募金の方法についても，図 5-1 のように，具体的な募金の方法についても，一般社会の中にあって仏教に接点のあるより多くの人に募金の呼びかけを行っている点も特徴的である。

4.2 「B. 被災地寺院調査」

　「被災地寺院調査」結果からは，まさに避難所としての受け入れの状況にその特徴的な傾向が表れていると考える。

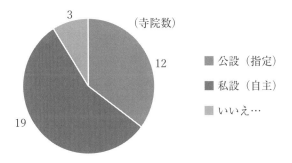

図 5-2　避難者の受入れ状況

出所）「B. 被災地寺院調査報告書」より筆者作成

　まず本調査における「被災地寺院」とは，基本的には地震や津波による寺院の全壊等は免れた結果，避難所の機能を担うことになった，あるいはその可能性のあった寺院を指しているが，実際には，「貴寺院では，被災された方々を避難所として直接受け入れましたか」との問いに対する回答は，「公的に指定された避難所として受け入れた」が 12 寺院（35.3%），「自主的な避難所として受け入れた」が 19 寺院（55.9%），「受入れ無し，または受入れできなかった」が 3 寺院（8.8%）あった（図 5-2 参照）。

　次に受け入れた被災者の人数について見ておきたい。最も受け入れ人数が少なかった寺院での受け入れ人数は 6 名であり，最も受け入れ人数が多かった寺

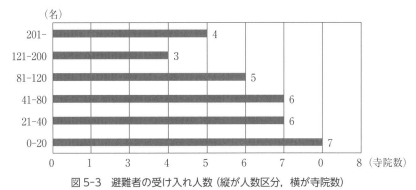

図 5-3　避難者の受け入れ人数（縦が人数区分，横が寺院数）

出所）「B. 被災地寺院調査報告書」より筆者作成

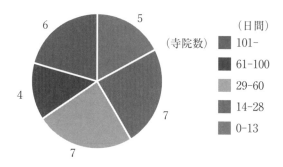

図5-4　避難所開設期間（当該機関寺院数）
出所）「B. 被災地寺院調査報告書」より筆者作成

院（最大値）での受け入れ人数は530名であった。この530名という数値は特殊な事情があったと考えられるが，その他にも200名以上を受け入れた寺院が3寺院あり，これらの受け入れ人数の平均は約94名であった（図5-3参照）。

　次に，避難所として開設していた期間については，最も短い寺院は1日，最も長い寺院は152日間であり，これらの寺院の避難所としての開設期間の平均は，54.8日であった。（図5-4参照）

4.3　「C. 直接支援団体調査」

「直接支援団体調査」結果からは，まず支援活動の状況の概要を取り上げたい。まず仏教系直接支援団体の活動は，東日本大震災が発生した3月中にはすで

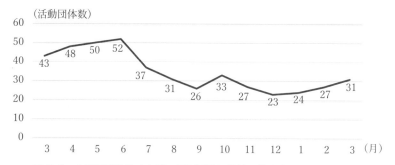

図5-5　大震災発生後1年間の月別活動団体数の推移（2011年3月から）
出所）「C. 直接支援団体調査報告書」より筆者作成

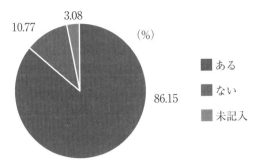

図 5-6　震災支援活動に関する他団体との協力・協働の有無
出所）「C. 直接支援団体調査報告書」より筆者作成

に 43 団体が活動を開始していたことがわかった。また，その後，平成 24 年 3
月までの 1 年間の月別活動団体数は図 5-5 の通りであるが，より具体的な活動
状況については，平成 23 年 3 月から平成 24 年 3 月までの 13 ヵ月間のうち，
直接支援回数については計 318 回，その際の支援日数は平均 4.06 日，1 回の平
均参加者数は 36.3 人であった。また，同期間における間接支援回数は計 235 回，
その際の支援日数は平均 3.84 日，1 回の平均参加者数は 43.25 人であったこと
等が，調査結果を通して明らかとなっている。
　　続いて，これらの活動団体に対して，実際の支援活動の中で他団体との協

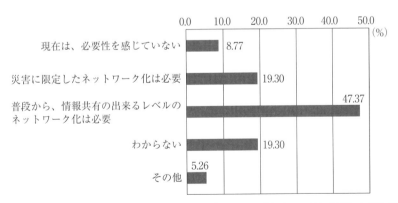

図 5-7　震災支援活動の経験を今後の諸活動に活かしていくために，特に地域における諸団
　　　　体との連携などネットワーク化の必要性について
出所）「C. 直接支援団体調査報告書」より筆者作成

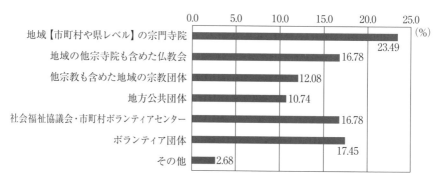

図5-8　具体的にどのような団体との連携が必要か
出所）「C.直接支援団体調査報告書」より筆者作成

力・協働の有無について聞いたところ，図5-6の通り，「協力あり」と答えた
団体数は56団体で86.15％と，圧倒的な数値であった。

　また，他団体との今後の協力・協働・連携の必要性について聞いた質問につ
いても，図5-7の通り，地域における諸団体との協力・協働・連携について，「災
害に限定したネットワーク」と「普段からのネットワーク」を合わせて，何ら
かの必要性があるという点について過半数を超えるという集計結果を得てい
る。

　さらに，連携していくべき具体的な連携相手を問う質問に対しては，いわゆ
る仏教関係だけでなく，地方公共団体や社会福祉協議会等も高い数値となって
いたことは，今後の展開を考える上でも極めて興味深い結果であるといえよう
（図5-8）。

4.4　「D. 社協調査」

　「社協調査」は，先のA～Cの調査とは趣を異にするものである。すなわち，
A～Cが，仏教を立ち位置として支援を行った側に関する調査であるのに対
して，被災地域にあって，災害ボランティアセンターを開設して各種支援の受
け入れ窓口となった社会福祉協議会を対象としている点である[12]。つまり，
支援を受けた側として，仏教（宗教）を立ち位置とした支援者をどのように評

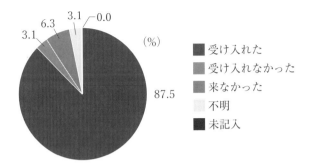

図 5-9　仏教 (宗教) 系ボランティア団体の受け入れについて
出所)「D. 社協調査報告書」より筆者作成

価しているのかを知る事ができる内容が記録されているのである。

　まず，受け入れ状況としては，回答頂いた 32 地域の社協中，仏教 (宗教) 系ボランティア団体を受け入れたが 87.5%（28 地域）であった[13]。なお，「受け入れなかった」と答えた理由も否定的なものではなく，「たまたまその支援内容は間に合っていた」という趣旨であり，否定的な拒絶ではなかった事を付言しておきたい (図 5-9)。

　続いて (寄付を含む) 仏教 (宗教) 系ボランティア団体の具体的な支援内容については，金銭の寄附は 11.9% に対して，人的支援が 43.5% と大きな割合を占めている。また，その他の支援では，茶話会，傾聴，行茶，写経など宗教者ならではの活動も受け入れられていた (図 5-10)。

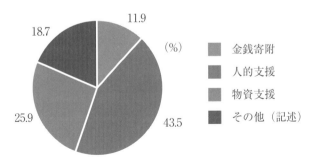

図 5-10　宗教系ボランティア団体の支援の内容
出所)「D. 社協調査報告書」より筆者作成

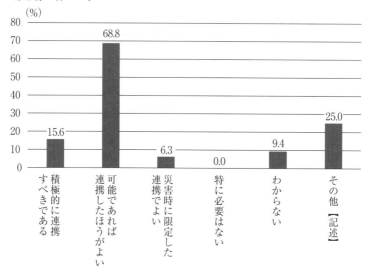

図 5-11　地域福祉を担う社会福祉協議会と宗教施設との平時の役割分担や連携の在り方
出所）「D. 社協調査報告書」より筆者作成

　これらの支援実績を踏まえ，支援を受けた側として，地域福祉を担う社会福祉協議会と宗教施設との平時の役割分担や連携のあり方，災害時のあり方などに関する問いでは，積極的な連携については 15.6％，災害時に限定や可能であれば連携した方がよいを合計すると 84.4％が肯定的な意見であった。必要がないという回答はゼロであった（図 5-11）。

第5節　調査から見えてきた課題と10年を経た現状

　前節で取り上げた各調査の結果から明らかとなった特徴は，同時に（当時として）今後に向けた課題を含むものであった。東日本大震災から10年を経る中で，それらの課題に社会や仏教はどのように向き合ってきたのか。本節では，先に上げた特徴に絡めて，それぞれの状況の一端に触れておきたい。

5.1　「A. 宗派教団調査」に関連して

　伝統ある仏教宗派教団に対する信頼感は「政教分離」が浸透している現代日

本においても有効であり，その結果が，宗派教団を窓口として，まとまった金額の「寄付」となっている事は先に述べた通りである。ただ，その後の多発する大規模災害を目の当たりにした時，その都度の「寄付」行為が，仏教界としてどれだけ意識的，継続的に行われていくのかといった危惧（課題）があったが，それを払拭する活動を継続している一例として，全日仏の動向を取り上げることができる。

　全日仏は，「1900（明治33）年，国家の宗教統制に反対して結成された「仏教懇話会」に淵源を持ち，「大日本仏教会」「日本仏教連合会」等を経て，1957（昭和32）年に財団法人全日本仏教会となり，2007（平成19）年8月には財団創立50周年を迎え，2012（平成24）年4月より新たに公益財団法人としてスタート」している。「広く社会に向けて，仏陀の『和』の精神を基調に，仏教文化の宣揚と世界平和に寄与することを目的」に，2021年9月現在，「59の宗派，37の都道府県仏教会，9の仏教団体，合計105団体が加盟している，日本の伝統仏教界における唯一の連合組織」として，斯界のみならず，他宗教との連携や必要に応じて公的機関への窓口的役割等も担う等，現代日本における仏教を理解する際に不可欠な組織であるが，東日本大震災以降は特に各地の大規模災害に迅速に対応している。現在も組織内に「支援検討会議」を常設し，大災害発生時における義援金等の「寄付」の窓口ばかりでなく，災害救援活動には助成金制度を設ける等（現在は第26次を募集），仏教界としての救済活動が継続的に行われている点は，大いに評価できるといえよう[14]。

5.2　「B. 被災地寺院調査」に関連して

　本調査結果から見えてきた重要な課題の一つは，大規模災害が発生した場合，被災地の寺院のご住職及び寺族の方々は，地域の方々と同様に「被災者」であるにもかかわらず，寺院としては，「避難場所」という「支援側」の役割を求められるという事実である。これは，寺院関係者の「望むと望まずに変わらず」に求められるものであり，万が一その際の対応を誤ると，場合によってはその後の地域における当該寺院の存亡にも関わるような事態を招いてしまう

事が考えられる。つまり，地域における寺院は，大規模災害発生時には避難所の役割を担うという日頃からの「覚悟」が求められるといえよう。

　その際の一つのヒントは，先に掲載した図 5-2 に示されているように，「公的に指定された避難場所」となった被災地寺院が 12 寺院（35.3%）あったことである。これらの寺院は日頃から地域の行政や自治会等のコミュニティとの一定のコミュニケーションが成立していたと考えられる。これは，災害発生後も，「自主的な施設避難所として」機能した寺院に比べて，その後の外部支援の入り方や物資の配給等についてより効率よく展開されていたであろうことが想定できるのである。

　また，さらに参考となる一例として，平時から地域社会，近隣住民との交流を念頭に置いた実践として，東日本大震災を契機として組織された岩手県の「釜石仏教会」の活動の一環として毎年実施している「韋駄天競走」を取り上げてみたい。

　釜石仏教会は，2011 年 3 月 19 日，岩手県釜石市及び隣接する大槌町の 17 寺院が宗派を超えて立ち上げた地域に根差した組織である。その目的として「生存者と死者の救済のため宗派を越えて協力し，任意団体として行政に働きかけること」を掲げているが，津波災害での体験を踏まえ，平時から「震災で教訓として残った事を先の未来に残して行きたい」という考えのもと，地域のボランティア団体と協同で「韋駄天競争」を，同会所属で大震災当時は避難所の役割も担った釜石市の日蓮宗日澤山仙寿院を会場として，2014 年から毎年開催している。

　この行事は，図 5-12 の実際のチラシにあるように，地域寺院の伝統行事と合わせて災害時の避難という防災・減災意識を定期的に振り起すという効果とともに，非常時には地域寺院が避難所の役割を担うという理解を，地域の人々や行政等の公的機関にも意識づけられている点で，まさに，本調査の課題に対する解答のような取り組みであるといえよう[15]。

図5-12　第6回「韋駄天競走」の配布チラシ
出所）筆者提供または所蔵

5.3 「C. 直接支援団体調査」に関連して

　東日本大震災に際して積極的な支援活動を担い，かつ現在も継続的な社会的実践を行っている仏教系の直接支援団体は，現在も多数存在している。

　例えば，浄土宗系の青年仏教僧を中心に路上生活者の食料支援から出発した「ひとさじの会」は東日本大震災の際にはその初動から「ご縁」のあった寺院や避難所，仮設等を回りながら，炊き出しから傾聴に値する，被災者に寄り添う支援を長期にわたって行ってきたが，現在はコロナ禍におけるベトナム人移住労働者の生活サポート等，その活動の幅を広げている[16]。

　また例えば，「被災者が自然に喜怒哀楽を出せる日常に戻る手助けをしたい」との思いから始まった禅宗僧侶の傾聴活動から始まり，その後，「臨床宗教師」といった宗教者の資格にまで広がりを見せた「カフェデモンク」[17]等，その他の例も枚挙に暇がない。

　そして，それぞれがSNS等を通じて有機的なつながりを持っており，本調査を通じて明らかとなった「情報の共有」に係る課題は，大分改善された状況となっていると考えられる。

　ただ，より一層の進展に向けては，やはり東日本大震災を契機として組織化

され，継続した活動を行っている「宗教者災害支援連絡会（宗援連）」[18] のさらなる活用や，淑徳大学アジア国際社会福祉研究所アジア仏教社会福祉学術交流センターが web 上に立ち上げている「仏教社会的実践活動プラットフォーム」[19] への今後の登録活用等が望まれるところである。

5.4 「D. 社協調査」に関連して

ここで明らかになっていた課題については，その後，関係者の意識が大きく変わったと考えることができるが，それには，先に触れた仏教系諸団体の，着実に実績を積み上げてきたたゆみない実践と，大阪大学大学院稲場圭信教授に代表される関連調査，研究の成果等を通じて[20]，宗教と社会福祉協議会をはじめとする社会的な組織，機関との連携，協働はおどろく程の進展をみせている。

一例としてあげれば，特定非営利活動法人全国災害ボランティア支援団体ネットワーク（JVOAD）主催の「第 5 回災害時の連携を考える全国フォーラム 災害支援の文化を創造する」(2021 年 5 月 26, 27 日，オンライン開催) の分科会 4-4 は，「広がりをみせる災害時における宗教者との三者連携」であったが，このような分科会は，10 年前には考えも及ばない内容であったといえよう[21]。

第 6 節 結

令和 3 年 1 月 25 日付で文化庁が示した「宗教法人が行う社会貢献活動について（情報提供）」は，これまで「政教分離」を前提としてきた宗教の社会貢献を認めるものとして画期的なものであると同時に，これまで述べてきた，東日本大震災以降の動向の一つの到達点として位置づけることができると考えている[22]。

その意味でも，「東日本大震災における日本仏教の果たした役割」を，日本における「社会と仏教（宗教）の関わり方の転換点」として歴史的に位置づけながら，今後は，さらにその評価や検討が行われていくべきものとなると考えられる。その際に，今回取り上げた「4 つの調査」がその「記録」として幾ば

くかの史的価値を持つことができれば幸いである。

　またその成果が，ともに宗教的文化的価値を共有できる「仏教を主たる宗教とするアジアの国々」においても，「災害時における社会資源としての仏教（宗教）の可能性」として今後の大規模災害支援対策等に活かして頂く事があれば，本調査の企画・立案・実施を担った者として，望外の喜びである。

謝辞

本稿は，2022 年 4 月 16 ～ 17 日にオンラインで開催された中国社会史学会（中国慈善史学会）で発表した内容を基に加筆・修正を加えたものです。今回の掲載を快諾頂いた事に感謝致します。また，「4つの調査」に協力して頂いた教団，寺院，仏教系支援団体，社会福祉協議会の皆様に，心より感謝申し上げます。そして，本調査研究を共同で行った淑徳大学アジア国際社会福祉研究所プログラム研究員の渡邉義昭先生にも合わせて御礼申し上げます。

注

1)　星斌夫著(1988)『中国の社会福祉の歴史』6 ～ 27 頁，山川出版社。

2)　道端良秀(1967)『中国仏教と社会福祉事業』88 ～ 93 頁，法蔵館。

3)　日本の社会福祉関連のテキスト等では，聖徳太子(574 ～ 622)が，仏教思想に基づいて，社会福祉や医療施設の原型となる，「四箇院(施薬院，療病院，悲田院，敬田院)」を設立したと紹介されている。例えば，野本三吉(1998)『社会福祉事業の歴史』16 ～ 17 頁，明石書店。

4)　『浄土教報』第 1552 号，1 頁，浄土教報社，1923 年 10 月 19 日付。『浄土教報』は，浄土宗の公私にわたる報道を宗内に伝える機関誌である。1889(明治 3)に創刊された。

5)　節堂(椎尾弁匡)「災変に於ける同人の活躍」『共生』第 1 巻第 7 号，59 頁，共生会，1924 年 1 月。『共生』は，浄土宗僧侶の椎尾弁匡(1978 ～ 1971)が提唱した「共生(ともいき)」思想を中心とする，ある種の修養団体として発足した「共生会」の機関誌である。1923(大正 12)年に創刊された。

6)　本シンポジウムについては，以下の書籍がある。国際宗教研究所編(1996)『阪神大震災と宗教』東方出版。

7)　日蓮宗兵庫県東部宗務所編集委員会編(2003)『阪神大震災の記録　仏の御手を垂れ　被災・祈り・復興』日蓮宗兵庫県東部宗務所。

8)　日本仏教社会福祉学会の詳細については，以下を参照。
日本仏教社会福祉学会(wdc-jp.com)(2024.2.29)

9)　仏教 NGO ネットワーク(BNN)は，国内の主要な仏教系 NGO と国際協力や災害
救援に取り組む仏教系団体が加盟するネットワーク組織であると同時に，自身も
さまざまな直接支援活動を行っている団体である。組織の詳細は，以下を参照。
仏教 NGO ネットワーク(bnn.ne.jp)(2024.2.29)

10)　A 〜 D の 4 つの調査報告書については，以下の通り刊行されている。
A.宗派教団調査報告書としては，日本仏教社会福祉学会東日本大震災対応プロジェ
クト委員会編著『東日本大震災における日本仏教各宗派教団の取り組みに関する
アンケート調査報告書』淑徳大学藤森雄介研究室，2015 年 10 月。
B.被災地寺院調査報告書については，日本仏教社会福祉学会東日本大震災対応プ
ロジェクト委員会編著『被災地寺院の教訓を今後の寺院防災に活かす聞き取り票
(アンケート調査)報告書』淑徳大学藤森雄介研究室，2015 年 10 月。
C.直接支援団体調査報告書については，日本仏教社会福祉学会東日本大震災対応
プロジェクト委員会編著『平成 23 年 3 月 11 日東日本大震災における仏教系各種
団体の震災支援に関するアンケート調査　報告書』淑徳大学藤森雄介研究室，2015
年 10 月。
D.社協調査報告書については，淑徳大学アジア国際社会福祉研究所，日本仏教社
会福祉学会東日本大震災対応プロジェクト委員会編著『東日本大震災を契機とし
た，地域社会・社会福祉協議会と宗教施設(仏教寺院・神社等)との連携に関する
アンケート調査　報告書』淑徳大学藤森雄介研究室，2020 年 3 月。
　また，A 〜 C の 3 つの調査報告書については，PDF データとして全文が以下の
web 上に掲載されている。
https://www.jbf.ne.jp/activity/rescue_operations/higashinihonquestionnaire
(2024.2.29)

11)　阪神・淡路大震災に関する調査データについては，第 37 回全日本仏教徒会議記
念シンポジウム「仏教とボランティア活動について」(財団法人全日本仏教会編『財
団創立四十周年記念　全日本仏教会の歩み 1988 〜 1998』全日本仏教会，1998)中に，
資料として掲載されたものを使用した。なお，当時の全日本仏教会に加盟してい
た宗派団体は 60 団体であったが，そのうち 40 団体が回答していた(回答率
66.7%)。

12)　社会福祉協議会とは，日本において地域福祉を推進する民間団体である。全国，
都道府県，市区町村にそれぞれ設置されている。全国社会福祉協議会のホームペー
ジでは，「社会福祉協議会は，民間の社会福祉活動を推進することを目的とした営
利を目的としない民間組織です。昭和 26 年(1951 年)に制定された社会福祉事業法
(現在の「社会福祉法」)に基づき，設置されています。社会福祉協議会は，それぞ
れの都道府県，市区町村で，地域に暮らす皆様のほか，民生委員・児童委員，社
会福祉施設・社会福祉法人等の社会福祉関係者，保健・医療・教育など関係機関
の参加・協力のもと，地域の人びとが住み慣れたまちで安心して生活することの

できる『福祉のまちづくり』の実現をめざしたさまざまな活動をおこなっています。たとえば，各種の福祉サービスや相談活動，ボランティアや市民活動の支援，共同募金運動への協力など，全国的な取り組みから地域の特性に応じた活動まで，さまざまな場面で地域の福祉増進に取り組んでいます」と説明されている。詳細は，以下を参照。

https://www.shakyo.or.jp/（2024.2.29）

13)「社協調査」の対象は 46 社協であるが，その中には県社協や原発避難地域の社協も含まれており，東日本大震災当時は他の地域と状況が異なっている。本質問項目は，それらの社協を除いた，災害ボランティアセンターを開設した 32 社協を対象として集計を行った。

14) 全日本仏教会の詳細は，以下を参照。

http://www.jbf.ne.jp/（2024.2.29）

15) 釜石仏教会及び「韋駄天競走」の詳細については，以下の通り研究発表を行っている。2019 年 9 月 11 日，第 54 回日本仏教社会福祉学会，研究発表「東日本大震災を契機とした，寺院の社会的活動について～岩手県釜石市で開催されている韋駄天競走における地域連携の事例から～」渡邉義昭，藤森雄介（淑徳大学アジア国際社会福祉研究所）。

また，「韋駄競走」については，以下の報道でも確認することが出来る。2021 年 2 月 8 日付朝日新聞「釜石で韋駄天競走『逃げることの大事さを実感』」

https://www.asahi.com/articles/ASP276T8YP27ULUC004.html（2024.2.29）

16)「ひとさじの会」の活動の詳細については，以下を参照。

https://www.hitosaji.jp（2024.2.29）

17)「カフェデモンク」については，以下の書籍がある。金田諦應(2021)『東日本大震災 : 3.11 生と死のはざまで』春秋社。

18)「宗教者災害支援連絡会(宗援連)」は仏教者に限らず，「宗教教団が教団組織として行う支援も，個々の宗教者グループがそれぞれに行う支援もさらに活性化していきたいものです。この宗教者災害支援連絡会は多様な試みの情報をつきあわせ，お互いの経験から学びあう，宗教，宗派を超えた宗教者の連絡組織として，被災者や避難者の助けとなることを目指します。」と平時からのつながりの場としての役割を示している。活動の詳細については以下を参照。

https://sites.google.com/site/syuenrenindex/（2024.2.29）

19) 平常時から仏教系の社会的実践活動を一覧できる情報共有の場として，web 上に開設している。今後，関係者に十分に利用して頂けるよう，広報や機能の強化等を予定している。略称は「仏教プラットフォーム」，詳細は以下を参照。

https://bukkyoplatform.com（2024.2.29）

20) 大阪大学大学院教授稲場圭信(宗教社会学)は，「自治体と宗教施設との災害協定に関する調査報告」(単著(2015)『宗教と社会貢献』5 巻 1 号，71 ～ 86 頁)や「社会

福祉協議会と宗教団体との災害時連携に関する調査報告」(川端亮との共著(2020)『宗教と社会貢献』10巻2号，55〜69頁)等の調査等を通じて，災害時の地域と寺院などの宗教施設が平時から連携を取ることの重要性を指摘している。

21) 分科会の内容については，以下の刊行物がある。『「第5回災害時の連携を考える全国フォーラム　災害支援の文化を創造する」報告書』53〜54頁，特定非営利活動法人全国災害ボランティア支援団体ネットワーク(JVOAD)発行，非売品，2021年9月。

22) 同文書は，「文化庁宗務課」が「公益財団法人日本宗教連盟　都道府県宗教法人事務担当課」に対して発信した文書である。そこでは，「近年，多くの宗教法人が，全国的に自然災害が発生する中で地域の防災・復興に協力をされるなど，災害対策や地域支援などの社会貢献活動を行われていると承知しています」と，従来にはなかった見解が明示されている。

第6章　東日本大震災を契機とした，地域における寺院，僧侶による仏教ソーシャルワーク事例

構成・編集：渡邉義昭，藤森雄介，野中夏奈

令和4（2022）年度　日本仏教社会福祉学会
第56回学術大会　シンポジウム

【大会テーマ】「東日本大震災10年を越えて」 地域と寺院の今後のあり方

【大会日程】 2022（令和4年）年11月19日（土）13時15分～

【大会会場】 宮城県女川町　まちなか交流館ホール

【シンポジウムテーマ】

　　　　　非常時の寺院と地域のつながり

　　　　　～「支援関係」ではなく「平時の関係づくり・視点づくり」と
　　　　　して，日常からつながるために～

【シンポジスト】

・高橋英悟師　岩手県大槌町　曹洞宗吉祥寺住職，釜石仏教会事務局長

・八巻英成師　宮城県女川町　曹洞宗保福寺住職

・馬目一浩師　福島県いわき市　浄土宗阿弥陀寺副住職，災害支援ネット
　ワーク Iwaki（DSNI）会長

【コメンテーター】

・園崎秀治氏　オフィス園崎代表，元全国社会福祉協議会地域福祉部全国ボ
　ランティア市民活動振興センター副部長

コーディネーター

・宮坂直樹師　東京都浄土宗龍源寺副住職，浄土宗総合研究所研究員

◆宮坂氏　－シンポジスト紹介－

日本仏教社会福祉学会の学術大会を，ここ女川町で行うということで，私自身，震災の支援に携わってきて被災の状況等々伺っていたものの，女川まで足を延ばすのは初めてであり，この場所に来て，登壇される先生のお話を伺う中で，当時の様子，またこれからのことを，一

写真 6-1　シンポジウム会場
出所）筆者撮影

つひとつ噛みしめていきたいと思いながらこの場に立っている。

　今日は 4 人の先生をお呼びしている。災害またその後の地域復興，被災者の支援に携わった立場から振り返って，日常からどのような体制作りが必要かというところをメインのテーマとしている。まずは登壇者を登壇順にご紹介する。

　まず高橋英悟師。私自身，7 年ほど前に高橋師の自坊をお訪ねし，いろいろとお話を伺う機会があった。震災前に当たり前にできていたことが，まったくできなくなったという中で，地域の人々は驚愕，本当にどうしていいかわからない，そういったお話をいろいろと伺ったことを覚えている。その後，「慈愛サポートセンター」という合同会社を設立・活動なさっているとのこと，そのお話も伺えるかと思う。

　次に地元女川町から八巻英成師。女川町の町づくりの推進協議会にも携わり，また「坊主喫茶」という活動をされているとのこと。

　そして 3 人目，馬目一浩師。「災害支援ネットワーク Iwaki」の会長であり，いわき市の浄土宗のご寺院の副住職である。震災の後はいわき市にて同じ浄土宗の仲間のお坊さんたちと一緒に避難所や仮設住宅等を回ってカフェ活動を行う「浜○かふぇ」や，福島の子どもたちの保養プログラムである「ふくしまっ子スマイルプロジェクト」などを主導されている。現在は「災害支援ネット

ワーク Iwaki」の会長としてご活躍でもある。

　そしてコメンテーターとして園崎秀治氏をお迎えする。全国社会福祉協議会にて災害のプロとして，被災地でのボランティアセンターの立ち上げをはじめ，災害が起こったその直後から復興までを幅広く見据えて活動している方である。淑徳大学でもこの東日本大震災の被災3県の社会福祉協議会にアンケート調査と聞き取り調査，詳細な調査を行い，その報告書なども刊行されているが，災害が起こった時にはこの社協との協働といったものが欠かせない。これまでの知見を基に今回コメンテーターとしていろいろとご助言をいただけるかと思う。

　最後に私，宮坂は，浄土宗総合研究所というところで研究員をしている。震災の後は先ほどの馬目師がいらっしゃるいわき市にお邪魔をし，避難所で炊き出し，その後「浜○かふぇ」「保養プログラム」では一緒に活動させていただいた。私は東京にお寺があり活動に毎回参加することはできないが，離れた東京でもできる，縁をつなぐことを少しお手伝いさせていただいた経験がある。その経験から浄土宗総合研究所で「災害対応の総合的研究」という研究班を立ち上げた。災害が起こった時に地域だけでなく宗教者を含め，宗教施設や宗教者がどのような役割を果たすことができるのかということを，全国の被災されたご住職方に聞き取りし，まとめ，全国のお寺にそれをお伝えする役割を担ってきた。そのようなことから東日本大震災をきっかけに，熊本地震であるとか，西日本の水害であるとか，災害が起こると現地入りをして寺院に物資をお配りしながら助言をさせていただいたりしてきた。園崎氏とは，九州の福岡県の朝倉市と大分県の日田市で水害があった時に，避難所の駐車場でお会いし，いろいろ話をさせていただいたり，あるいは「こういう会議があって最新の状況がわかるから出てみてはどうか」というお声掛けをいただいたりと，そのようなご縁があった。

　こういった先生方をお迎えし，シンポジウムを行っていきたいと思う。3師にまずご自身の活動のことをお話しいただいて，その後お一人終わるごとに園崎先生からコメントを頂戴するという形で発表を進めていきたい。学び深いも

のとなるように進行を努めてまいりたい。

◆高橋氏　「東日本大震災発災時に吉祥寺を民営避難所として　250 名の避難者を受け入れる」

写真 6-2　大槌町吉祥寺境内

出所) 高橋英悟氏提供

　本シンポジウムにお招きいただき大変ありがたく，今日に至るまでの皆さまからの支えに御礼を申し上げたい。今日は岩手県を代表するような形でお招きをいただいたので，そのような立場で話をさせていただく。

　まず私どもの場所，岩手県の大槌町は，岩手県沿岸のちょうど真ん中にある。東日本大震災で大槌町は 1,286 名の犠牲者を出し，その中の 430 名ほどが今も行方不明の状態である。犠牲者の 3 分の 1 に当たる方々が，大切な方のご遺体との面会ができていないという町である。人口でいうと約 1 割近い方が犠牲になったといわれている。私どもの吉祥寺は標高 60 メートルくらいの場所にあり，当日から避難所を運営した。もちろん当初は町の指定の避難所ではなかったが，後ほど行政から，釜石，大槌地区 17 カ寺で結成している仏教会加盟寺院に対し，釜石市，大槌町とそれぞれ協定を結び，災害における避難所をぜひともお願いをしたいという要請があり，現在は，今いつ来るかわからない津波

に対しての備えをしている状況である。

「震災当時の動き」

　3月11日当日，私は「保護司」という仕事をしており，午後，環境調整といって刑務所に入っている方が地元，保護者のところに帰ってくるにあたり，どんな状況で更生のお手伝いができるかを親御さんと話しているところであった。たまたま葬儀が入って午前午後が逆になり，私は午前中そのお母さんと話をし，午後はお寺にいた時，まずは地震で揺れた。建物が全部倒れるのではないかというぐらいの揺れだったが，そのなかで津波の一発目，お寺の高台から海を見たらもう完全に潮が引いている状態。それで，一波目が軽々防潮堤を超えて町中に入っていくのを見て，町の指定の避難所である小学校に駆け下り，そこにいる校長先生に一波目が防潮堤を超えたからここも危ないかもしれない，ぜひ高台に行こうと声を掛け，指定の避難場所にいた人々が全部寺に集まったというところから避難所が始まった。当初250名のスタートで，本来は岩手県警と，もし交番，派出所に何かあった時はお寺を警察の場所として使えるように提供してほしいという約束があったが，夕方5時頃になってもまったく何の連絡もない。それも当然，警察官自身が殉職をしていた。そのような状況で，もう連絡を待っても来ないと決断し，避難所として開放を始めた。

「犠牲者の弔いと残された命を守る活動」

　3月12日，翌日の朝，とにかくお寺でやる避難所なので皆さん力を合わせ，一人一役をぜひお願いしたいと役割分担を決めた。そこから，避難所ではさまざまな問題が起きてくる。とくに犠牲者の問題，本来は行政主導となるところ，報道でご存じかもしれないが，大槌町というのは浸水域にある役場の庁舎の前で災害対策本部の会議を開いていたために町長はじめ約40名の幹部職員が亡くなってしまった。そのため行政機能も大変混乱している状態であった。たまたま津波に流されず残った職員たちが孤軍奮闘しながらどのようなことをするかと決めているなか，やはり埋葬の方法等かなり問題が出たため，仏教会とし

てはそのアドバイスなどもした。当初，大槌町は火葬場も被災しているため，土葬，仮埋葬ということになったが，避難所でたくさんの人々が暮らしているなか，何の手立てもせずに土葬，仮埋葬してしまったら大問題になるかもしれない。そのようなことも含め，行政に対しての折衝が必要であった。お金もない，家屋も流されている中でどんな応援ができるのか。なかには遠方から来た葬祭業者が，検案が終わったご遺族に対して他市町村の火葬に連れていく料金がいくら，などという提示をしている，そのようなケースもあった。これはいけない，行政がしっかりと提案をすべきだと災害対策本部に話をしたところ，大槌町では，3点セット，つまり土葬しないこと，火葬料，霊柩車の費用については，責任を持って負担すると決断してくれた。

　そして避難所について，これは意外に「避難所に入った人だけが被災者ではない」ということが一番の盲点であった。家が残ったところと流されたところの差，ここが私自身一番気にしたところであった。

　3月13日，町中を歩いて災害対策本部に行く際，明らかに人の数が多いことに気づいた。災害対策本部の会議の中で，家が残った人，在宅で避難している人にどういう手当を考えているかについては，家が残ったのだから自分たちで何とかしろと，即答であった。これはもう何ともならない。それでさっそくお寺に地元の民生委員，お寺の役員に集まってもらい，残ったすべての家を回ってほしいとお願いした。「何人いました」程度の報告ではなく，各家について安否確認含め，名簿付き名前付きでぜひとも調べてほしいとお願いし，3月14日一日で回っていただいた。その結果，360軒残った家の中に1,260人がいるということがわかった。1軒の家に20人を超える人が暮らしていたという例もあり，その実際の名簿を見せて，このままでは立ち行かなくなること，この1軒の家も1個の避難所として認めてほしいというお願いをした。

　実は発災直後から，家が流された人と残された人の差というのは明らかに出ていた。実際，家が残った人が洗濯物を干している，その時に「あんたのところは残ったからこんな洗濯なんかもできるのだ」と，避難所に入っている人から罵詈雑言を浴びせられる，かなり心ない言葉が掛けられたようなトラブルも

写真 6-3　釜石仏教会供養法要
出所）高橋英悟氏提供

あった。発災の当初から流された人，残された人の心の差が感じられた，それ
が活動の原点の一つである。在宅避難者へ避難所と同じように支援物資が行き
渡るよう，自衛隊が撤収するまでそれぞれの家にも必ず物資が行き渡るよう，
折衝した。

　また仏教会としての役目を話し，町内のご遺体安置所へ，供養等々を進めて
きた。そのなかで，大槌町では官民合同で「生きた証」という，犠牲者のご遺
族に聞き取り調査をし，亡くなった方の記録を残す事業を進めてきた。数とし
ては 1,286 名の犠牲者のうち，545 名を第 1 冊目，76 名を第 2 冊目として記録
している。つまり犠牲者のほぼ半分の方のご協力を得て，この「生きた証」と
いう本が出来上がった。大槌町では何度も何度も津波が来ていたが，津波で亡
くなったことを恥だと思うような側面もあり，なかなか亡くなった方のことを
話したがらない方がいて，あるいは，なかったことにしたいという思いも多く
感じた。しかし，やはり亡くなった方の話をすることで心が浄化される，軽く
なるとの皆さんからの声もあり，今でも話を聞くので，もし気が変わったらい
つでも連絡いただきたいということで，この「生きた証」の活動を行っている。

　それから避難所は50日間開設され，その後，皆さん仮設住宅へ入ったが，とにかくお寺としてはバラバラになった地域住民の紡い直しをやろうと精一杯努めてきた。共同運営のお祭りの売り子のお手伝い，ボランティア団体の受け入れ，実際に被災した寺院再建のお手伝いなども，仏教会として力を合わせながら進めてきた。皆さんが，住民のために何ができるかということをいつも自問自答しながら進んできた。お寺と建物が高台にあり残ったので，とにかくお寺に人が集まってやれることを一生懸命やろうと。そこで，支援団体の皆さんには，仮設住宅に入っている人だけの支援はお断り，とお願いした。もし在宅で残っている人にも一緒に声を掛けてやってくれるのであれば，無償でお寺を開放するということで，地域の方々にとにかく何度も集まってもらい，行事や催しの計画をした。

　たいていの方が不満に思っていたのが，仮設住宅に入っている人ばかり文化が進んでしまい，家が残った人たちに何の手当もないこと。支援物資をもらいに行っても怒られる，そのような分断が起こっていたのは確かであった。そのため私どもは，自分のお寺だけではうまくいかないことも，仏教会としてさまざまやってきた。

　身元不明の，名前を取り戻せないお骨も町内の寺院で預かっていたこともあり，宗旨宗派，国籍，人種を超えて拝みあいをしたことは，今でも財産になっている。そして今，（大槌町隣接の）釜石市政とタッグを組み，釜石地域の自殺予防対策ネットワーク会議というものに加盟し，それぞれのお寺の檀家さんから自殺ゼロを目指そうということも活動の一つとしてやっている。また，仮設住宅を含めた詐欺が大分はやったので，これも釜石警察署と一緒に特殊詐欺の防止アドバイザーに指名いただき，それぞれの檀家さんに対しての啓蒙もしている。

「ばらばらになった地域住民の紡い直し」

　振り返ると，とにかく前述の，発災当初から分断が始まっていたということ，そしていち早く再建を進める人と進めない人の差，進めない人にどうやって私

たちが寄り添えるか，これが課題であったと思う。そして困難に声を上げることができない人を含め，地域住民が安心して生活をし続けるために，この支援をその場限りの点としてだけでなく，その方が将来に向かってしっかりと過ごしていけるよう，支援を線で考えることが大切だと思った。しかしそうはいっても，どんなに手を差し伸べても手を握ってくれない人もたくさんいる。閉じこもってしまって扉を開けない人もたくさんいる。大変もどかしい思いをした。そしてなお，情報弱者というか，閉じこもってしまってアクセスできない，自分から話を聞けない状態の人もたくさん出てしまったと感じた。そのため私たち僧侶は，この衣，法服を着て，私たちだからこそできることは何か，常々模索してきたところである。どの方でも暮らせる地域住民のための居場所づくり，そしてまさに仏教の思い，まだ知りえない，まだ苦しんでいる人がいるかもしれない，こういった思いで檀家さんに接しようとしてきた。

　そして私も今，支える人，支える存在のありがたさをとても感じている。残ったゆえの苦しみも味わい，やはり私たちも支える側としていっぱいになってしまうこともたくさんあったが，そんな時に私たちを支えてくれる存在に本当に救われた。今回私たちに声を掛けてくださった藤森先生，渡邉先生，そして先ほどの宮坂先生も，遠い私たちの寺にまで来てくださった。よく頑張っている，というその声でどれだけ力を頂いたか，今でも忘れることができない。

「慈愛サポートセンター合同会社設立」

　それからさまざまな分断を乗り越えるため「慈愛サポートセンター合同会社」というものをお寺の中に立ち上げた。お寺というとやはり年齢層の高い方々とお付き合いをするが，なかなか若い方々，例えば家庭の中で子どもたち，孫たちまでが同じようにお寺を向いているかというと，そうではないケースが本当に多い。そんななか，たまたま地元の若い子育て世代の方々がこの「慈愛サポートセンター」に参画をしてくれたおかげで，若い世代，子どもの世代も含め総世代のアクセスができるようになった。しかし当初，この構想を話した時はコロナの前だったが，そんなのは自分たちでできるからそんな会社などい

134

らない，と大反対された。コロナになった途端，頼りにしていた自分の子ども
たち孫たちが誰も帰ってこられなくなり，そんな時にさあどうしようとなっ
た。やはり行政だけではなく，行政では手の回らないところにも私たちが手を
差し伸べられるということをご理解いただき，今3年目になるが，たくさんの
方に無償で会員になってもらってさまざまなサービスを提供している。

　例えばどんなサービスかというと，高齢単身で一人暮らしている世帯で，何
か心配事があったら「慈愛サポートセンター」お寺に電話いただければ，すぐ
に見守りに行く。遠くに離れている子どもたちが，実はやはり田舎に残してき
た親が心配だ，連絡が取れずなかなか外にアクセスもできないとなった時，そ
こは私たちが，連絡をもらえれば見守りに行くし，報告をする，と伝えている。
世代を超え，この地域で住み続けるために，今お寺から発信し，工夫してやっ

写真6-4　慈愛サポートセンターの取り組み
出所）高橋英悟氏提供

ていこうと進んでいる。

「お寺を開放して世代を超えた地域住民との交流や行事を行い「居場所作り」を始めた」

　ある方から「お寺でそういうことをやるのなら，どうぞ自由に使っていい」と申し出あり，お寺の目の前で，畑も作り始めた。今この畑に老若男女が集まって作業したり，そういう集まりの場所を作っている。福祉の手に掛かっている人はもしかしたら幸せな部類に入るかもしれない。福祉の手に掛からない方や，またはその気付きと支援のあり方というものを，私たちは模索し続けなくてはいけないのではないかと語ったりしている。

　そして防災教育もしている。先日も小学4年生の子どもたちとお寺で防災教育をやった。彼らはやはり，津波のことをまったく理解していない。「これぐらいの津波ってどれぐらいの頻度で来ると思う？」と子どもたちに質問すると，100年，300年，テレビで1000年と言っていたと。これはとても困ることである。今年の4月に日本海溝の新たな津波の浸水予想が発表された。今回作った防潮堤も何の役にも立たない。そのなかで津波を知らない子どもたちが

写真 6-5　被災保育園のために寺院を無償貸与し臨時保育園開設
出所）高橋英悟氏提供

どうやって命を守るかという教育を，今世代を超えてやり続けなければいけないと決意をしている。今もし津波の注意報，警報が出たら，必ず高台に逃げてくるよう伝えている。そしてお寺の防災教育では必ず子どもたちにお寺の鐘突きをさせる。自ら助けに行かない，必ず自分たちが高台に逃げて，お寺の鐘を鳴らし，みんなここに逃げてこいという合図にしようと。その防災教育が今年のトンガの噴火の津波警報が出た時に，実際に役立った。深夜の3時に小学4年生が実際に鐘を鳴らし，皆さんに避難してこいという働きをしてくれた。これから津波を知らない世代にどのように伝え続けていくか。30年から40年に一度必ずこの津波が来るのだと，その思いを忘れず，命を守るための行動，自分の頭で考えて行動する教育を，お寺としては，やり続けていこうと思う。それはなぜかというと，これ以上絶対に同じ悲しみを繰り返してはならないと思うからである。私はもうあれだけの人数の葬儀をすることは絶対にしたくない。どれだけの人が悩み苦しみ悲しい思いをしたか。これを絶対に忘れてはいけないという思いで，お寺を中心に，命を守る行動の教育を続けていきたいと思っている。そのなかで人生の価値とは何だろうか，ということを私自身，震災で教えられたような気がする。

写真6-6　小中学生への心のケア活動（座禅体験）
出所）高橋英悟氏提供

「困難に直面したときに心のよりどころになる教えとは」

　どんなに物やお金があっても何の役にも立たない。本当の価値というのは，やはり人を大切に思う心とか，人から大切に思われる生き方。おかげさまでありがとうといえる心であったり，おかげさまでありがとうと言ってもらえるような生き方ができる，これこそが誰からも奪われることのない絶対の宝物ではないかと感じている。私たちは，この人間界で生きていれば必ず困難に直面する，生きていくことがやはり一番の苦行の場で，修業の場なのだと思う。私たち自身，今回，頭の中ではわかっていたつもりの地獄というものを目の当たりにした。でも生きなくてはいけない，それはなぜか。この私を大切に思ってくださる方がいる。命がけで生んでくれた母，育ててくれた方がいるから，今私たちが生きている，この命を絶対に無駄にしてはいけないということを，これからも伝え続けていきたい。そしてこの困難に直面した時，心のよりどころになるのは何か。これはやはり宗教であり，私は仏教の教えというのは理にかなっていると思う。

　まもなく来年3月11日，仏教的には13回忌を迎える。丸12年ここまで皆さまに支えていただいたこと，大切に思い続けていただいたことに感謝を申し上げ，ひとまず私の話を終了させていただく。

◆園崎氏　－コメント－

　私は災害の分野に身を置くことを昨年決心し，27年務めた全国社会福祉協議会という組織を辞め，「防災減災を地域で少しでも」ということで独立した立場で活動している。東日本大震災の時は自分もその最前線で担当をしていたので，北は宮古から南は北茨城市まですべての被災地を回り，被災1カ月後ぐらいの時に，実際の現場を見ながら，社会福祉協議会の支援拠点を訪問した。その時の思いは忘れられないが，高橋師のお話を伺い，それでもこの11年という時間で自分も忘れていたことがあったなと強く感じた。制度が充実したり法律が充実することで仕組みは整ってきた。ただそこでシステマチックになっていき，「何のためにこれをやっているのだろう」ということになりがちだが，

今，高橋師の最後のお話で，結局はマインドというか，気持ちのところだと思った。そこがないと本当に被災者に寄り添えているのかどうか，必ずしもそうではない支援が今もあるのかもしれないと感じた。

　さて，社会福祉協議会とは，今日主催の一つである女川町の社会福祉協議会もそうだが，地域の中でのその福祉を支えていくための協議会，いろいろな人たちが話し合い作っていく，ある意味福祉の町づくりをする団体であるが，今日のテーマでいうと社協はまさに日常の団体なのである。しかしさまざまな経緯で，災害時の支援拠点をやはり地元で，一番地域をわかっている民間の組織がやるのが良いと，災害時の直後でいえば災害ボランティアセンターという，行政とは違う形での市民の支援拠点を担うことを，社会福祉協議会がやるようになった。ちょうどそのようになっていったタイミングから私が担当をして，災害が起こるたびに全国47都道府県被災地の社協に飛んで行って，どう対応していいかわからない地元社協職員に寄り添い，支援の拠点を作ろうと働きかけをしてきたが，その社会福祉協議会はやはり日常の団体なので，平時にどういう関係性が作れているかが，災害時にどう機能するかに直結する。そのような意味で，社会福祉協議会は被災者に一番向き合う，今，被災後の核に，民間支援の核になっている。そこで私は社会福祉協議会という視点で話をさせていただく。

　初めに高橋先生から課題提起されたものの中で，私も全国の被災地を回っていて常に思うのは，家が残った人と残らない人，被災地の中の住民の分断である。被災の度合いによってその支援のされ方が違い，さらに言うなら，水害は度々起こっているが，避難所に逃げられる人と逃げられない人がいる。それは家の壊れ方の問題ではなく，その人たちの体力的なものや，住民との関係などいろいろな問題で，体育館や公民館など一般の避難所に行けない人たちが，結局自宅に居続けざるを得ない。1階が駄目になって水道も出なければ料理もできないような環境で2階に閉じこもっているような状況の人たちを，「声を出せない被災者」という表現をされていた。広範囲が被災をすると，そういう人たちが発見されるのに非常に時間が掛かる。よく「一人も取り残さない」と，

きれいなことはいうが，例えば一つの NPO がいくら頑張っても，そういう人たちをすべて見つけることなど絶対できない。それをやるにはやはりみんなで協力するしかない。本当は，災害ボランティアセンターのような公の支援の拠点を作るので，それをやるべきなのは社協の第一義的な役割ではあるが，ただ社協だけでもできない。高橋師が最終的に作られた合同会社というのも，まさに社会福祉協議会がいろいろなところで生活支援サービスや，住民参加型在宅福祉サービス，地域の方々の困りごとを助けて解決してくようなことを以前からやってきてはいるが，それが，十分に機能するかどうかは地域によって違うので，例えばお寺が言い出しで，こういった形で住民同士の助け合いの場を自分たちで運営していく，というような発想があちこちでできていく。それはどの組織がやるべきというのではないと思う。

　いろいろな人たちがそういう形で関わり，それぞれの人が，お互いがやっていることを知ることが大事なのだ。そこの世界だけでやっていると当然つながらなくなってしまうが，大事なのはその地域の中で，「この地域はお寺さんがあって，そこでこういうことをやっている」ということを，例えば社協もよくわかって，何かあればお互い相談して解決をしていくような，地域内のいろいろなセクターの人たちが一緒にやっていけるような，そんなコミュニケーションがとれるとよいと思う。高橋師のお話からいろいろなことを感じたので，コメントさせていただいた。

◆八巻氏　「お坊さんと話そう〜日常からつながるために〜」

　私は，女川町の少し山奥にある，保福寺というお寺の住職をしているが，この女川町に移り住んで5年で震災があり，その後もうすぐ12年となる。このたび女川町で私が催している「坊主喫茶」について少し紹介させていただきながら，皆さまからご意見を賜りたいと思う。

　東日本大震災によって地域コミュニティが崩壊し，新たな共同体が作られるなかで，平成26年3月，女川町に初の災害公営住宅ができた。そのなかで，まずは被災者が終の家として腰を落ち着けられると思ったのだが，その生活の

中，すぐ次に発生したのが，先ほどもあった不和の話で，少しずつ少しずつ亀裂が生じていた。あのうちはどうだとかこのうちはどうだ，住民同士がお互いのあらを探し，不幸自慢をし始めてしまった。せっかく新しくできたコミュニティがこのままでは寂しいものになってしまうのではないか，何とか軌道修正できないかと，ボランティアに入っていたスタッフから相談を受けた。

「坊主喫茶の一幕」

　そのなかで企画したのが，「お坊さんと話そう」というものである。紙1枚をポンと貼り出して募集した。そんな経緯があり，いまの「坊主喫茶」というものにたどり着いている。その坊主喫茶の一幕，「固唾飲む」「じゃんけん」「坐る」「出張法要」「隣にいる」というテーマで選んだ写真をまずは見ていただき直感的にどのようなことを感じられるか，それぞれの心に問いかけてみてほしい。このようなコミュニティスペースで，私たち僧侶，今は4名でスタッフをしている。

　「固唾飲む」─どうしても和尚さんが話をするとなると，このように，何かいい話が聞けるのではないか，期待感に胸を膨らませ，皆さんは固唾を飲んで

写真6-7　女川町仏教会坊主喫茶
出所）八巻英成氏提供

じっと見る。私たちが話を始めなければ，誰も口を開かず静かに時だけが過ぎていく。確かにいい話ができればいいのだろうが，その期待感に答えられるかどうかというところもあり，もしかしたらそれについて何か意見があるかもしれない，聞きたいこともあるかもしれない，私たちが話をするだけではやはり一方通行である。しかし，なかなかその声が上がってこず，そのまま終わったら多分皆さんは心に残ったわだかまりと，もう少し聞きたいと思う欲を無理やり押し殺して，その場を去ることになる，それが私は非常に気に入らなかったので，この「坊主喫茶」を務めていくなかで少しずつ形を変えようと，皆さんと日常からつながるためのコミュニケーションを作ってきた。

　「じゃんけん」―お坊さんがじゃんけんをする，大変シュールな写真である。この時は私たち5人で担当を務め，ゲストをお招きしていた。私たちが務めている坊主喫茶は2時間ほどを一つのコマとし，そのイベントの2時間の中で，それぞれが大体5分から10分程度の法話を間に挟みながら皆さんとお話をさせていただく。その際の順番を決めるのが，このじゃんけんであり，何しろこれが一番盛り上がる。順番を決めるために，そして一番後ろになると，終わる

写真6-8　女川町仏教会出張法要

出所）八巻英成氏提供

142

ためのちょっとしたプログラムをやらなくてはいけないという枷があり，最後になりたくないため，目の前で和尚さんが本気でじゃんけんをする。このシュールな光景が意外と受け，「坊主喫茶」でも風物詩になっている。始めて大体20分ほどすると一人目の法話になる。今ではいらしている方から「そろそろじゃんけんじゃない」と言われ，「あぁそうですかね」と言いながらとぼとぼ出ていき，「今日は勝てる気がする」などと言いながらじゃんけんをする。そんな光景を皆さんに楽しんでいただいている。

「坐る」—そして，最後に何がしかをしなければいけないというのは，この，椅子で座禅をすること。やはり楽しい中にも最後にちょっとだけキュッと締めるところが大切かと思い，最後に5分程度，座禅をする。最初は5分もたず，2分ぐらいからいびきが聞こえてきて大変であった。やはり日常皆さん疲れているのだということがよくわかったが，この「坊主喫茶」を始めて約7年，もう慣れたもので，今では「座りますよ」と言うと，皆さん大体この形ができあがっている。静かになり，そうすると普段聞こえない生活音や鳥の声，風の音が，よく聞こえるようになる。そんな自然と触れる，普段は聞こえないであろう声を聞くということも一つ大切なことかと思っている。

「出張法要」—法要で出張するということは別に当たり前のことではあるが，これはお正月の大般若祈祷の一幕である。できる限りのものを持ち寄り，みんなでこのように新春の祈祷をした。住民の皆さんに少しでも1年を気持ち良くスタートしていただきたいという思いから，このようなことをしている。慣れない袈裟を着たり，真ん中に座ったことがない者ばかりで務めており，なかなかぎこちないところもあるが，そういったところも含め，住民の皆さんに楽しんでいただきながら，このような出張法要や季節の変わり目の法要を務めている。「私たちが和尚さんですよ」「隣にいますよ」ということをアピールしながら，皆さんに語り掛けながら務めさせていただいている。

「隣にいる」－これがまさに，その場面である。

そして基本的に「お務め」する時，私たちは必ず出席しなければいけないと

写真 6-9　女川町仏教会坊主喫茶
出所）八巻英成氏提供

　いうことにはしていない。「用があったら休んでいいよ」と気負わずにやっている。大きくて少ない催しよりは，小さくて多くの催しのほうが大切だろうという理念から，もう多分 100 は超えると思うが，各所で務めさせていただいた。やっていることは本当に他愛のないことで，お坊さんが来て隣に座りお茶請け話をして，たまにはふんどしの話で盛り上がったりもする。私たちの世代はふんどしというのをまったくわからないので，どんなものだったのか，その話を聞かせていただく。そのなかでおじいさんやおばあさんのことを回顧したり，昔はああだったこうだったということを回顧しながら，昔を教えていただく。皆さんとの溝を埋めつつ，このような活動をしている。

　おかげさまで町を歩く時にはたくさんの知り合いができた。大変恐縮な言い方ではあるが，お友だちがたくさんできた。写真はコミュニティスペースのものばかりではあるが，「坊主喫茶」自体は基本的に出張が主であり，お寺に来ていただくわけではない。この女川町という町は横に広く，そして地域の集落同士が大分離れているため，隣の集落でもお寺に来てくださいというのは，車がないとなかなか難しい距離である。ではどうすればいいか。それなら皆さんが集まっているところに私たちが行くのが一番早い。そのようなことで各集会

所をたくさん回らせていただいた。基本的には宣伝はせず，口コミか，もしくは社会福祉協議会の皆さんにご紹介をいただくというルートのみで，運営をした。

　宣伝になるかもしれないが，確かな，「参加して良かった」と思ってくれた方の紹介で，やはり私たちは動きたいと思っていて，正直な感想を聞いていただいた方のご紹介でのみ，やらせていただいている。写真はコミュニティスペースのものしかないが，正直，もともとこのようなところで話をさせていただくものになるとはまったく思っていなかった。今もそうであるが，ライフワークぐらいにしか思っておらず，まったく気負っていない。大変申し訳ないと思うぐらいに生活の一部である。毎朝のお務めをするたび自分の法要風景を写真に撮るかといわれたらノーである。それぐらいの気持ちでやっている。だからこそ7年という長い間を続けられたし，これからもずっと続けていくのだろうと思う。コロナの影響で少々縮小気味ではあるが，多い時には月5回くらい，さまざまな集会所を回らせていただき，このような催しを務めた。

　常に，固唾を飲むみたいなことにならないよう，私たちのほうから皆さんが集まっているところにずいずいと入り，横に座ってお茶を飲む。最初は大変恐縮されるが，もうそれが持つのは15分くらいか，だんだん「やだぁ」などと言いながら肩をたたかれ話をする。だからこそ，その場ではもしかしたら思い切った話はできないかもしれないが，日常つながっていれば，道でばったり会った時にはっと思いついて，大変大きな（深刻な）告白をされることもある。しかし何の驚きもなく，たくさんいろいろ話していく中でやっとこの時が来たかと思い，そしてそれを受け止める。もちろん外に出すことはない。しかし道でばったり会った時にそんな話をしてくれる，そんな間柄になれたということを大変嬉しく思う。この中にも，誰にも話せない，なかなか聞けないことを抱えている方がいるかもしれない。この誰にも話せない話が出てくるのを待ちながら，楽しい時間をひと時ひと時積み重ねて日常のつながりをつないだり，そしていつかちょっと聞いてほしいと言われたら，大変うれしいと思っている。その時々，一時一時を楽しむ，今日1日楽しかったなと言われて終わるのを命

題としている。

「日常からつながるために」

　先ほど申し上げた，少なく大きな催しを行うことも，大変な苦労も伴うかもしれない。しかし多く小さな催しをたくさん積み重ねても，もしかしたらその道程は一緒かもと思っている。私たちの世代はお寺に座って待っていても多分人が来ることはなかなか無い。それならば，やはり自分たちから外に出て，自分たちから出向いていくこと。それが一番手っ取り早いかと思っている。これからも長く続けていくが，ゴールや，めでたしめでたしなどという締め方は一切想定していない。自分が続けられる限り続けていきたいと思っている。そしてこの中で，これからも地域限定ではあるが，女川という町の中でのみ活動をしていくのであろうと思う。私一人で誰か一人を救えたらそれでいいのではないか，誰か一人のためになれればそれでいいのではないかなと思いながら務めをさせていただいている。今回，日本仏教社会福祉学会という中で発表をするのは大変緊張したが，今日楽しかったなと笑って帰っていただけたら，それは一番いいことだと思う。もし女川町に来る機会がある時には，多分コロナが落ち着いたら月に3回か4回くらいまた増えているであろうと思うが，超真剣にじゃんけんをしている，「坊主喫茶」という催しに顔を出してみていただきたい。

◆園崎氏　－コメント－

　お坊さんという存在が住民からは高いところの人というイメージから，距離を縮めるのがとても難しいと思うが，それを八巻師は意識的に，その距離を縮めることをやっていらっしゃるのだと感じた。「坊主喫茶」の中身も基本的に和ませるというか，距離を縮める努力をされているのかなと思った。

　今日登壇者の方とお話をしている時に，高橋先生がファスティングをされていると聞いた。普段食事を日が昇ってない時にしか食べないというものだが，私はそういうことはできない。なぜかというと，経験的に，自分が飲むためで

はなく人と距離を縮めるために，お酒がどうしても必要だと考えていた。しかしこれは実は世代でいうとある程度から上の男性向けであり，その人たちがここまで世の中を回してきて，そこにアプローチするために，多分自分はそういう手法を取ってきた。八巻師のアプローチは，老若男女に対して通用すると思った。これからの時代は特に若い人たちはお酒でという話ではない気がする。最終的に本音を出してもらえるような距離感になる，本当に道でばったり会った時に「実は…」という話が出る，それはとても大事なことだと思う。そこで傾聴するというのは，普通の友だち同士で話をする以上に宗教者の方に対して告白をするというか，その人にとっての意味は，私はとても大きいものだと思う。宗教者の役割として，災害の話を抜きにしても，傾聴するに至るところまで距離感を縮めることがとても大切であり，それを自然体でやってらっしゃるのが八巻師の取り組みかと思う。

　もう一つは，持続可能などという言葉をよく使うが，先ほど高橋師のお話にあった，点ではなく線，小さいものをたくさん催すということ，これはまさに持続可能なやり方だと思っている。そうでないとやはり日常にならない。一つだけボンと花火を打ち上げるようなやり方より，続けられるためには無理のないやり方しかない，それも意識されていて，まさに点ではなく線で活動されているのだと思いながらお話を伺った。

◆馬目氏　「平時の関係づくりの視点として」

　私は福島県いわき市，登壇の3人の中では東北の一番南の端にある，阿弥陀寺という浄土宗のお寺で副住職をしており，「浜○かふぇ」という団体の代表をしている。これは東日本大震災の後に始めた浄土宗のお坊さん，若手の僧侶，有志で始めた傾聴ボランティアである。そしてもう一つ，「災害支援ネットワークIwaki」という民間の災害支援中間組織の会長もさせていただいている。いわき市内のNPOとか，個人的な団体とか，また社協の職員や消防士とか，いろんな方たちが集まって次の災害に備えていこうという，民間の災害中間支援組織である。震災の話よりも，どちらかというと今現在の活動，ここに至った

経緯を中心に話をしたいと思う。

　12年前の東日本大震災，3月の記憶では，もう挫折と失意の中で過ごしていた。お寺自体は，お墓が倒れたり，本堂の壁に少しひびが入ったり，それくらいの程度で，津波が来たり本堂が崩れたりという大きな被害はなかったのだが，私自身は，自宅を離れ10km行ったところに大きな津波と被害があり，もうすぐにでもそちらに行きたかったのだが残念ながら行けなかったという，非常につらい経験をした。まず自分のお寺のことをやらなければいけない。倒れたお墓の連絡を檀家さんにしなくてはいけない。檀家さんの中でもお一方，津波で命を落とされた，もしかしたらそういった方の連絡がいつ入るかもしれない。そういったなかで何もできずに3月を過ごしていた，「何もできなかった」という，それが私自身，僧侶として非常に大きな挫折であった。

「「浜〇かふぇ」の設立と活動」

　そんななか，4月になり何かできることはないかと，いわき市の社会福祉協議会で開かれていたボランティアセンター（以下，ボラセン）に通うようになった。これがだんだん一人二人と僧侶の参加人数が増えていった。大体私たち僧侶が活動できるのは平日である。平日というのは，なかなかボラセンで人が少なく，そういった時に坊主頭の集団が集まって作業をする，それがボラセンで続いていく。やがて，こうやって来ている私たちに仮設住宅等でサロンなどができないだろうか，ということで提案を頂き，始めたのが「浜〇かふぇ」である。仏教の方はわかると思うが，浜〇の「〇」というのは角がない，すべてが完成している，とても穏やかな状態という意味で，浜通りに住む人たちがサロンに来て，心穏やかな気分になっていただきたいという思いで「浜〇かふぇ」と名付け，活動を始めた。

　約6年半，約300カ所，いわき市内で行った。（資料には）いわき社協と楢葉町役場2カ所（※資料確認）について書いている。いわき市は津波の被災者だけではなく，原発事故の被災者も市内に受け入れており，なかには津波の被災者と原発の避難者と両方が混雑する，そういった仮設住宅も存在していた。今ま

での話の中でも，対立についての話が出てきたが，いわき市内でもやはりそういった原発避難者，国からの補償が出る人たちと，津波の被災者，補償が出ない人たちとの対立があった。そしてこれも残念なことに同じ津波の被災者であっても，同じコミュニティの中で対立し分裂していく，そういったことをカフェの中で見てきた。

　さらにそのような仮設住宅で一番苦労していたのが小さなお子さんたちである。親の顔色を見て，大人の顔色見ながら，常に笑ってはいるのだが心から楽しんではいない。さらに一番衝撃を受けたのが，その震災の年の翌年，平成24年の冬，珍しくいわき市に雪が降ったのだが，その時たまたまカフェの子どもたちと遊んでいた時のこと。私がある女の子に「雪降っているから外で雪だるま作ろうよ」と言ったら，その女の子が「駄目だよ，外に出ちゃ」と言うのである。「何で」と聞くと，「あの雪には放射能が付いているから外に出ちゃいけないんだよ」と教えてくれた。その言葉に私はショックを受けた。なぜこんな小さい子どもにこんな苦労をさせなくてはいけないのか。私たち大人が背負わせた罪であり，この子たちを何とかしなければいけないという思いで始めたのが，「ふくしまっ子スマイルプロジェクト」という子どもたちの保養活動である。

　この時に私は，所属している浄土宗の組織を使い倒してやろうという思いでいろいろな方々にお願いをした，その一番が京都にある浄土宗の総本山である知恩院，さらには長野にある善光寺，こういったところにお願いをし，子どもたちがお参りをする，そこからさらに海水浴だとかスキーだとかを組み合わせるという，そういった活動をしながら，仏教精神に基づいた保養活動をしたいという思いで行ってきた。これまで計15回行ってきたところである。

　このなかで，当時私たち被災者が一番ありがたいと感じたのは，やはり食べ物だと思う。食べ物が当たり前に食べられることが如何に有難いことなのか，これがなかなか子どもたちに伝わらない。平気でものを残してしまったり，もらったものをそのへんに捨ててしまったり，それを何とかできないかと皆で考えて，仏教精神に基づいたごはんの食べ方，例えばごはんの前に必ず少し「お

唱え」をしてから頂くとか，また食べる時には最初に自分の食べられないものを他の人に分け，自分の食べるものだけを食べ，食べられないものもあと食べられる人に食べてもらおう，そのように分けて食べるということも実践として行ってきた。

こういった時にとても役立ったのは，先ほど言ったような私たち宗派，教団が持っているネットワーク，例えばボランティアの募集には浄土宗と縁のある淑徳大学にお願いしたところ，学生さん多数を集めてボランティア活動を支えてくださった。

「浜○かふぇ」そして「ふくしまっ子スマイルプロジェクト」，このような活動をしていく中で一番感じたのは，「お寺ってすごいネットワークを持っている」ということであった。全国にネットワークが張り巡らされていて，「ふくしまっ子スマイルプロジェクト」で行く場所のお寺に電話をすると，何人か必ず手伝ってくれる。そして京都の本山等に連絡すれば，「いいよ，いいよ，来てください，福島の子どもたち無料で招待しますよ。」そういった声を掛けていただける。お寺というのはもうすでにそういったネットワーク，教団内でのつながりを持っているのである。

そしてそれをもっと生かせるのではないかと考えたのだが，ただ何しろ「浜○かふぇ」そして「ふくしまっ子スマイルプロジェクト」という活動をずっと続けてきたことによって，私自身も精神的に非常に参ってきており，最終的に燃え尽き症候群に陥ってしまった。

先ほどの話では活動を長く続けていく，そのためには気負わないということであったが，残念ながら私の場合は最終的に「何でこんなことしなきゃいけないんだ」と半分泣きながらやっていたような経験もあった。燃え尽き症候群になっていた時，そしてお寺のネットワーク，お寺が持っているさまざまな災害に対する特性というものを感じている時に起こったのが，令和元年東日本台風であった。この時，いわき市は河川が氾濫し12名の死者，5,000棟以上の家屋が床上床下浸水という被害が出た。また同年，千葉県でも大きな台風被害があり（令和元年房総半島台風），私自身これまでの経験を生かす何かいいきっかけ

になるのではないかと，千葉県鴨川市のボラセンと，さらに東日本大震災のいわき市で行ったボラセン，この2カ所で運営支援のボランティア活動をさせていただいた。

「いわき市で行われた令和元年東日本台風情報共有会議」

　令和元年東日本台風で行われた取り組みとしてご紹介したいのは，いわき市で行われた取り組みである。まず災害が発生すると同時に多様な支援が大量に求められる。このような状況になると，発災直後からさまざまな支援者団体が被災地に入ってくる。いわき市でも発災直後は何か戦場のような状態であった。私は被災地に翌日行ったのだが，もう大きなトラックがたくさん入っていて，他府県ナンバーの車がわんさかそこにいる，そして誰が誰だかわからない人たちが一斉にボランティアを始めている。

　その様な人々の中には悪い被災者支援者もいる。これを機に自分がお金を儲けたいとか，地位や名誉を求めたいとか，そういった人たちも入ってきて，必ずトラブルを起こす。そのため，災害ボランティアセンターというものが開設されるわけである。災害支援の取りまとめ役でもあるが，要するにそういった悪い人たちが入ってこられないようにする，そのためのボラセンでもあるかと

写真6-10　いわき市で行われた令和元年東日本台風情報共有会議
出所）馬目一浩氏提供

思う。

　テレビなどで見たことがあるかもしれないが，災害現場で名札を付けている方，地域社協と書いた名札を付けている方がいる。いわき市では，最初みんなガムテープに名前を書いて現地に行っていたのだが，それがある時からその「いわき社協」という名札に変わった。私は当初，何でこんなことにお金を使うのだろうと不思議に思っていたが，よくよく考えるとあの札を付けていれば，この人はボラセンから来ているということがわかるわけなのだ。このようなことも，これまでの経験からこうしてきたのだと感じた。さらに，いわき市で行われた取り組みとして，被災者支援情報共有会議というのがあった。これは行政や社協からの，被災者の情報，ボラセンの情報提供，さらに災害が起こるといわき市だけでなく市内外の多くの人たちが支援に入ってくる，そういった支援者団体との情報共有，連携の場として置かれた。この情報共有会議というのがとても有効に働いた。

　どのような効果があるかというと，まず地元の支援者の負担が軽減する。さらに連携によって支援が多様化する。これは「浜○かふぇ」でまさに実証されたのだが，今回の令和元年東日本台風でも「浜○かふぇ」を開催した，その時にこの情報共有会議で連携した団体の人たちから，いろんな支援を頂いた。一つの例でいうと，発災直後にある避難所が開設されたあと，2週間ほどで閉所された時に，大量の毛布が余った。ある団体がそれをすべて引き受け，この会議の場で「毛布を使うとこありませんか」という情報共有をいただいた。それで「浜○かふぇ」がその情報を被災者に持っていったらぜひ使いたいと。なぜかというと，皆さん床下床上浸水して床をはがしている，だから冷たい風がどんどん入ってきてしまう。その毛布を敷くことによって軽減した，そういう方がいらしたのである。あるいは被災者のお一人は，その避難所の茶色い毛布をきれいにキルティングしてトイレの中敷きにしたり，そのようなことも情報共有会議で情報提供があったために，被災者に反映することができた例であった。

　また「浜○かふぇ」のサロンの中で住民と話をしていると，実は家の補償の

152

ことがわからないとか，今後どうやって家を再建していったらいいだろうかという相談を頂く。それを私たちが情報共有会議に持っていき，被災者から実はこんな話があったという話をすると，その会議に出ていたいわき市弁護士会の方とか，建築関係の方たちが「では僕たち次のカフェの時に行くから声を掛けて」ということで，その人たちを引き連れてサロンに行き，その時の会はまさに住宅相談会のような形になったりする。または看護師の団体の方たちがカフェに来て，そこで健康診断をしたりと，非常に「浜○かふぇ」の活動の幅が広がった。そういったことからさらに被災者に支援が届きやすくなる，取り残されにくくなるということである。

　支援者，団体同士の質の向上もあった。私たち自身も始めたころはまったくの素人であったが，そういった素人が長い間サロンを行うことにより，結局燃え尽き症候群に陥ってしまったという苦い経験があった。しかし他の団体の人たちの話を聞くことによって，なるほどこうやれば無理なくできる，こういうふうにしていけば長く続けられるということを，私たちも知ることができた。

　また適切なタイミングで支援を行い，終えられることも重要である。私たちの支援が入る上で一番難しいのは，どの場面でどういう支援をしていくかということだと思う。会議で情報共有があった，これは悪い例なのだが，一生懸命泥かきをしている時に，ある団体が何月何日どこどこの会館で被災者のための支援情報提供会を行うという，確かにそれはありがたいかもしれないが，住民の今一番の要望は自分の家の泥をかいてほしいことであった。そんな時に情報提供会を，しかも来てください，集まってくださいといわれても，住民の人たちは行けない。情報共有会議に出ていると，そのような，ちょっとこれは違うのでは，タイミングがずれているのではないかということを，お互いに共有できる。さらに外部支援者が被災地に入りやすくなる。そしてさらには，支援を本気で行いたい人，団体が集まることができる，こういった利点があった。

　私もこの情報共有会議に当初から参加させていただいた。令和元年東日本台風は10月の12，13日に発災した。15日にはボランティアセンターが立ち上げられ，この日から私も運営の支援，ボランティアに協力をし，16日から受

け入れを始めた。そして，第1回の情報共有会議が始まったのが31日である。

　これはいわき社協で行われ，最初は外部支援団体が主催という形で始めていたのだが，なぜか11月の後半くらいにいきなり呼び出され，次の会から司会をやりなさいと言われて，1月ごろから私が司会をやるようになった。なぜ私にやらせるようになったのかとよくよく考えたのだが，お坊さんはしがらみがないところが良いのだと思う。他の団体ともあまりつながり等を持っていない，そういったことを遠慮するところがないという意味で，お坊さんというのはいい位置にいたのであろうと勝手に考えている。

　ところが残念ながら翌年の2月からコロナウイルスの感染が拡大したことにより，支援活動の中止を余儀なくされた。さらには2月に中間報告会を予定していたが，コロナウイルスの感染流行によって中止し，情報共有会議もしばらくできなかった。しかし6月からオンラインで再開し，ようやく2020年の10月に中間報告会を開催した。今この役割というのは私が会長を務めている「災害ネットワークIwaki」がそれを引き継ぎ，定例会ごとに活動している団体から，被災地の状況と活動報告などを頂いているところである。

「宗教者と民間団体との連携を目指して」

　「災害支援ネットワークIwaki」というのは，いわき市における災害中間支援組織である。平時には2カ月に1回程度の定例会を行っている。何をやるかというと，前述のように，前回の台風被害の情報共有会議と，今後の防災，減災，こういった研修会を市民向けに開催していく，さらには各団体や個人の活動報告，協力の依頼も行う。お互いを知るという意味で団体等の活動紹介もする，例えば「浜○かふぇ」はこういうことをしている，こんな資材を持っている，こういうことができるが，こんなことはできないということを，忌憚なくお互いが話し合う。そして次の災害に備えた組織づくりを行う。災害が起こった時には，発災状況も把握してできるだけ早く情報共有会議を立ち上げる。しかし，これもなかなか，行政や社協，そこに入っている支援団体等の状況によっても，非常に難しいところもある。

　今年の3月16日に太平洋沖で大きな地震があり，浜通りの北部の相双地区，また中通り地区でも大きな被害が出た。この時も情報共有会議を立ち上げようとしたのだが，残念ながらうまく機能せず立ち上げられなかった。そういった意味では，いわき市は前回の東日本台風の教訓があったことが非常に大きかった。

　私自身もそこでいろいろな反省を持った。同時にお寺の利点等も感じていた。そんななかでこの令和元年東日本台風が起こったことは，言い方は悪いのだが，前回の反省を生かせる機会があったところが良かったと思う。SNS などを通じて内外の支援者団体の情報共有会議への参加を呼び掛けたり，被災地の状況を発信する，また情報共有会議のコーディネート役等も務めていく，さらには情報共有会議の議事を内外に発信していく。このようなことを今後行っていこうとしている。これらを平時から行うことによって何の利点があるのかというと，やはりお互いの団体の信頼関係ができることだと思う。どこの誰か分からないところと協力してやるのはやはり難しい。しかし普段からお互いがどういう団体か，どういう人たちかを知ることにより，入っていきやすくなる。特に宗教者が被災地に入りにくいというのは，社会的に偏ったイメージの影響もあると思う。

　特に外部から入る宗教者をなかなか受け付けないところもあると思う。しかし，これが平時から信頼関係ができていれば，あそこの団体だったら知っているから大丈夫，ということになる。さらにお互いの特徴，活動の長所，短所を知る，足りないところを助け合う，これがとても大事である。何でも自分たちでやろうとしない，そういう姿勢が，先ほどの話にもあった長持ちさせるための大切なところではないかと思う。平時からお互いに協力して活動する。例えば「浜○かふぇ」にしても，平時でも災害公営住宅等で年に1回か2回，カフェを開催することがある。そういった時にはこの「ネットワーク Iwaki」に参加している団体に，来てくださる方はどうぞという協力をお願いする。それによりお互いが何をしているか活動を知ることができ，発災時に外部から支援に入りやすい環境を作っていけると思う。また悪い人たちが入ってこられない環境

も作れる。そして減災や防災に対する意識の向上ができる，こういった活動を行っている。

　最後に，宗教者と民間団体との連携を目指してというところ，全国各地にこういった中間支援組織ができつつある。市町村単位であったり都道府県単位であったり，いわき市では私が会長を務める「災害支援ネットワーク Iwaki」ができた。今年度中に福島県内で県域の災害中間支援組織が設立される予定になっている。こういったところに私たちから入っていく，その時，私たちのほうから積極的にアプローチしていくという意識が大切だと思う。その際にはできる支援，特徴や長所，利点，そして，できない支援，これを明確にしておくことがとても大事である。できないところはできないと明確にした上で，他の人たちに協力を仰ぐ。そして広く連携する。自分たちでやるということではなく，宗教者，教団間でも連携していく。他宗でもそうだが，仏教だけでなく他の教団の人たちとも普段から連携していく。それによってさらに大きなネットワークができていくのではないかと思う。災害支援に関わるすべてを宗教者，教団で行わないこと，これもとても大切なことだと思う。外部の力を受け入れる力，要するに受援力とよくいわれるのだが，外からの力をどううまく受け入れるか。これによって支援というのはとても豊かにもなるし，復興も早くなってくる。

　私たちが前回，東日本大震災でできなかったのはまさにここだった。自分たちで全部やってしまおうと，他の人たちを受け入れる必要ない，私たちだけでできるのでは，と思った。それはなぜかというと，私たち自身が素人だったから，災害支援についてよくわかっていなかったから。また他の玄人の人たちが入ってくると私たちのことをばかにされるのではないか，「何だ，坊さんのやっていることってこんなもんか」と思われるのも嫌だった，そういうプライドもあったと思う。それによって，結局自分たちで自滅してしまう，要するに支援疲れになってしまった経験がある。大切なのは自分たちの短所を知っておく，そして外部からの支援を受け入れる力，これを養わないとできないと思う。いざ災害が起こったら外の力を受け入れようといっても無理で，普段からそうい

う環境を作る，そういった土壌を作っておくことにより，災害時，外の力をスムーズに受け入れ，受け止めることができるのではないかと考えている。

　私自身の東日本大震災の経験，そして失敗。令和元年東日本台風でどういうふうにこれを生かしていけるか，今「災害支援ネットワーク Iwaki」に所属し，いろいろな人から意見を頂きながら，今後私たちはどのように災害支援に関わっていけばよいのかという点を勉強しているところでもある。また私自身，今のこういった活動を浄土宗内でもやっていきたいという思いがある。来年，災害支援の研修会のようなことを行って，宗内で災害支援をしていくなど。災害支援とは実は何でも良くて，こんなこととても災害支援に関係ないのではないかというような，普段私たちがやっている何気ないことでも，もしかしたらそれが生かされることが多々あると思う。特に宗教者や寺院というのはそういった潜在力が豊富に秘められている。私たち自身がそれに気付くこと，そして，その気付きのために普段から外の人たちと積極的に連携していくことが，とても大事ではないかと思っている。お寺というのは，やはり地域のランドマーク的な位置でもあり，災害が起これば皆さんそれを目指して避難してくる。そして精神とか命とかそういったことのよりどころでもある。もしかしたら自分の一番言いたくないことを言える場所，要するに心のよりどころになる，もしかしたら亡くなった方を宗教施設に安置する，そういった場所にもなるかもしれない。いろいろな意味で寺院というのは災害に対しての潜在力を持っていると思う。それを生かすのも生かせないのも，私たちの活動また心がけ次第ではないかというところである。

◆園崎氏　－コメント－

　話の中にたくさん出てきた「災害支援ネットワーク Iwaki」は実は私も第1回目の研修会の時にお招きいただいた。本当にさまざまな立場の方が入っているなかで，そのリーダーとして馬目師がいらっしゃる。ご自身で言われたように，いろいろな人たちがいるがゆえに，パワーバランスを考えた時，お坊さんの中立的な立ち位置が良かったのであろう。そういう強みというか特徴も実は

僧侶にはあるのかとその時に思った。

　そのなかで情報共有会議というものが出てきた。少し参考までに紹介すると，コロナ禍で情報共有会議の持ち方が変わった，要するに Zoom を用いるようになった。Zoom を使うことで，離れているところで情報共有会議に普通に参加できるようになった。

　9月の終わりに台風15号が来て，静岡県で非常に大きな被災が起こっていて，まだ支援が続行中である。もう10カ所以上の市町村で災害ボランティア活動が行われていて，件数でいうと 9,000 件ぐらいの床上床下浸水被害である。そのなかでも静岡市という政令指定都市，合併前に清水市だった清水区というところがものすごく大きな被災をしている。県内で複数のところが被災しているような時に，どこかに集まって会議をやるといっても現実的にできない。それが Zoom を使うことで毎日のようにミーティングができるようになったのである。そこで物資や人の資源の横での調整などがものすごく円滑にできるようになり災害支援の形が変わったことを実感している。とにかく良いほうに変わった。

　いわき市のような体制を平時に作っておけるかどうか。災害の時によく使う言葉は「協働」という言葉であるが，協力の協に働く，その協働の体制を作っておくことである。

◆園崎氏　「『支援関係』ではなく『平時の関係づくり・視点づくり』として，日常からつながるために」

「災害」というキーワードを使ったほうがいいケースと，先ほどの八巻師のように，普段の日常の活動の中でそういう関係を作ること，どちらもあると思う。ただやはり，いわきのように東日本大震災に東日本台風という 2 回も大きな被災をしているところだと，「災害」というキーワードはとても「自分ごと」になる。災害というキーワードを使うことによって，それを使ったほうがむしろ，人が集まってくることにもつながる，いろいろな人たちを巻き込むことができる場合もある。今，実は東日本台風で被災した栃木県の佐野市が，ネット

ワークを作ろうということになり，市民のほうから出てきた提案を手伝って，ようやく稼働し始めたところである。そのように被災経験があるところだと，「災害」というものに対してみんな「自分ごと」として捉えるという特徴がある。

　次にお寺のネットワークの話だが，お寺の数はコンビニの数より多いとよく言われるが，私たちも，結局社会福祉協議会が何とか乗り切っているのも，同じことなのである。社協も強力なネットワークがある。すべての市町村の自治体にあって，場合によっては職員３人しかいないようなところもあるが，しかしそこでも何百人何千人を受け入れるボランティアセンターを実は動かしている。どのようにやっているかというと，とにかく助けをネットワークのほうから呼び込んでいる。助けてもらうこの力を受援力という。外の力を借りること。これはものすごく災害時に大事なことで，そういう状況になった時には，遠慮なく，受援力を発揮しようということを，平時によく意識しておくことが重要かと思っている。

　最後に対立の話は，実はいわき市では，この11年間，原発の被災避難住民と元々のいわき市民の支援の差というのが大きかった。いろいろな理由によって深刻な住民の分断があったことは，私もずっと感じてきた。そこにやはり間に入れる，その住民を溶かす役割というか，それは今日のお三方皆さんそれをやっていらしたのだと思った。これは３カ所全然状況が違っても共通することだとすれば，宗教者の役割，お坊さんの役割として，災害時に必ず起こる住民の分断の間に入り，そこをつなげる役割を担うことが大きいのかもしれないと，今日３人のお話を聞いて思ったので，最後にそのことを共有したい。

執筆・研究協力者一覧

韓国編

藤田則貴（第1章）
東京通信大学助教（2024年4月1日より西武文理大学専任講師）

スングシム・リー（第2章）
ロヨラ大学シカゴ校ソーシャルワーク部門博士候補

日本編

馬場康徳（第3章）
田園調布学園大学・聖学院大学・浦和学院大学専任講師
（2024年4月1日より城西国際大学助教）

髙瀬顕功（第4章）
大正大学専任講師（2024年4月1日より大正大学准教授）

藤森雄介（編著者，第5章，第6章構成・編集）
淑徳大学アジア国際社会福祉研究所教授

渡邉義昭（第6章構成・編集）
東京YMCA医療福祉専門学校専任講師

野中夏奈（第6章構成・編集）
淑徳大学アジア国際社会福祉研究所職員

高橋英悟（第6章 シンポジスト）
岩手県大槌町曹洞宗吉祥寺住職

八巻英成（第6章 シンポジスト）
宮城県女川町曹洞宗保福寺住職

馬目一浩（第6章 シンポジスト）
福島県いわき市浄土宗阿弥陀寺副住職

園崎秀治（第6章 コメンテーター）
オフィス園崎代表

宮坂直樹（第6章 コーディネーター）
東京都浄土宗龍源寺副住職

研究シリーズ　仏教ソーシャルワークの探求 No.10

東アジアにおける仏教とソーシャルワーク─韓国・日本編

2024年3月30日　第1版第1刷発行　　　　　　　　　　　　　　　　（検印省略）

監修者　郷堀ヨゼフ

編著者　藤森　雄介
　　　　郷堀ヨゼフ

発行者　田中　千津子

発行所　株式会社 学 文 社

〒153-0064　東京都目黒区下目黒3-6-1
電話　03（3715）1501㈹
FAX　03（3715）2012
https://www.gakubunsha.com

印刷　新灯印刷株式会社

ISBN978-4-7620-3332-2

淑徳大学アジア国際社会福祉研究所 監修 郷堀 ヨゼフ

仏教ソーシャルワークの探求
研究シリーズ
A5判 上製